SOS RÉSEAUX SOCIAUX

ADDICTION AUX RÉSEAUX SOCIAUX

Théophile LEGARNIER

Pour Sortir De l'Addiction Au Numérique

Théophile LEGARNIER / Copyright©2025
Tous droits réservés.
Marque éditoriale: Independently Published
ISBN: 9798316746521

Table des matières

PRÉFACE

Chères lectrices, Chers lecteurs,

Aujourd'hui, nous passons **plus de temps devant nos écrans que face aux gens que nous aimons.**

Nous scrollons, cliquons, likons, partageons... mais **à quel prix ?**
Derrière ce geste quotidien apparemment anodin, se cache parfois une **addiction insidieuse**, progressive, souvent invisible — jusqu'à ce qu'elle nous échappe complètement.

Ce livre est né d'un constat simple mais inquiétant : **de plus en plus de personnes ne contrôlent plus leur usage des réseaux sociaux. Ce sont les réseaux qui les contrôlent.**

Fatigue mentale, anxiété, perte de concentration, isolement relationnel, dépendance à la validation sociale... Les signes sont là, mais souvent minimisés ou ignorés.

☺ **Mon objectif avec cet ouvrage est clair :**
Vous aider à comprendre les causes profondes de cette addiction, en identifier les conséquences sur votre bien-être, et surtout, vous offrir des solutions concrètes pour en sortir.

Ce livre est **un guide de lucidité**, un outil d'accompagnement. Il ne prétend pas remplacer un professionnel de santé, bien au contraire.

Si, au fil des pages, vous ressentez que la situation vous dépasse, que la souffrance est déjà là ou que les impacts sont trop envahissants, alors je vous invite **sincèrement à consulter un professionnel de l'addiction.** L'aide existe. Elle est précieuse, humaine, et efficace.

Mais ce livre peut être **un premier pas.** Un déclic. Un éclairage. Une main tendue pour vous aider à **reprendre le contrôle.**

📋 **Deux autotests sont intégrés** au fil du parcours.

Je vous encourage à les remplir avec honnêteté. Ils sont conçus pour vous aider à :

- faire un point sur votre rapport actuel aux réseaux sociaux,
- mesurer leur impact réel sur votre vie,
- prendre conscience des éventuelles dérives, même invisibles.

Car **on ne peut pas changer ce que l'on ne voit pas.** Ces auto-évaluations sont donc bien plus que des questionnaires. Ce sont des **miroirs.**

Que vous soyez utilisateur régulier, parent inquiet, jeune adulte connecté, ou professionnel débordé par les sollicitations numériques, ce livre vous accompagnera à travers :

- les **mécanismes psychologiques et neurologiques** de l'addiction digitale,
- les **conséquences mentales, sociales et émotionnelles** de cette hyperconnexion,
- les **stratégies concrètes de désintoxication numérique,**
- la **reconstruction d'une hygiène numérique durable,**
- et surtout, la **reconnexion à votre liberté intérieure,** à vos désirs profonds, à votre pouvoir de choix.

Ce livre ne vous demande pas de renoncer à la technologie. Il vous invite à **reprendre votre juste place face à elle.** À faire du numérique un outil… et non une prison.

Alors ouvrez ces pages avec curiosité, honnêteté et bienveillance envers vous-même. Ce voyage est le vôtre. Et chaque prise de conscience, aussi petite soit-elle, est déjà une victoire.

Bienvenue dans un chemin vers plus de clarté, de liberté, et de présence.

Théophile LEGARNIER

INTRODUCTION

I.1 Qu'est-ce que l'addiction aux réseaux sociaux ?

Définition clinique, différences entre usage, usage problématique et dépendance

À l'ère du numérique, les réseaux sociaux occupent une place centrale dans nos vies. Facebook, Instagram, TikTok, Twitter/X, LinkedIn, Snapchat, et tant d'autres plateformes nous connectent au monde, nous divertissent, nous informent. Mais cette connexion permanente n'est pas sans conséquence. Une part croissante de la population développe une relation toxique, compulsive, voire totalement dépendante à ces outils. D'où l'intérêt de comprendre ce que l'on nomme aujourd'hui "addiction aux réseaux sociaux".

1. Définir l'addiction aux réseaux sociaux

Le terme « addiction » est souvent associé à la consommation de substances (drogues, alcool, médicaments). Toutefois, la communauté scientifique reconnaît aujourd'hui l'existence d'**addictions comportementales** : des dépendances sans substances, où la personne est prise dans un comportement qu'elle ne parvient plus à contrôler malgré les conséquences négatives (comme le jeu pathologique, le sexe compulsif, ou l'achat compulsif).

L'addiction aux réseaux sociaux est donc une forme d'addiction comportementale. Elle se traduit par :

- une utilisation excessive et répétée des réseaux sociaux,
- un besoin irrépressible de se connecter, de consulter, de publier ou d'interagir,
- une perte de contrôle : l'impossibilité de limiter ou d'arrêter l'usage malgré les conséquences néfastes,
- une détérioration de la qualité de vie, des relations sociales, du sommeil, de la concentration ou de la santé mentale.

En 2019, l'**Organisation mondiale de la santé (OMS)** a d'ailleurs reconnu officiellement le **trouble du jeu vidéo** comme un trouble de santé mentale, ouvrant la voie à une reconnaissance plus large des addictions numériques, y compris aux réseaux sociaux.

2. Usage, usage problématique et dépendance : quelles différences ?

Afin d'y voir clair, il importe de distinguer **un usage normal, un usage problématique et une addiction avérée.** Ce continuum aide à situer le niveau de gravité d'une situation.

a. Usage normal

L'usage normal des réseaux sociaux est **volontaire, maîtrisé et équilibré.** Il s'intègre dans une routine quotidienne sans générer de souffrance psychologique ni de dysfonctionnement. **L'utilisateur :** peut passer du temps sur les réseaux mais sans empiéter sur d'autres sphères importantes de sa vie (travail, famille, sommeil, activités réelles), est capable de se déconnecter facilement sans ressentir de manque ou de frustration, utilise les réseaux comme un outil, et non comme un refuge ou une échappatoire émotionnelle.

b. Usage problématique

L'usage problématique est **l'étape intermédiaire,** souvent invisible. **La personne :** commence à passer de plus en plus de temps sur les réseaux, ressent un **besoin compulsif** de vérifier les notifications ou de consulter son fil d'actualité, ressent une certaine **anxiété** ou un vide lorsqu'elle est déconnectée, commence à négliger certaines activités (lecture, sport, interactions sociales physiques), tente de se raisonner, mais échoue régulièrement.

C'est une phase charnière, où l'on est encore conscient de l'excès, mais où l'on commence à **perdre le contrôle.** À ce stade, l'intervention précoce est cruciale pour éviter la bascule vers une dépendance avérée.

c. L'addiction avérée

L'addiction est le **stade critique.** L'usage devient central dans la vie de l'individu. Il en dépend émotionnellement et psychologiquement. **La**

personne : ne peut s'empêcher de se connecter, même dans des contextes inadaptés (réunions, au volant, en pleine nuit), néglige ses obligations (études, travail, tâches ménagères), ment sur son temps passé en ligne ou sur la nature de son activité, souffre d'irritabilité, d'anxiété, voire de symptômes dépressifs en cas de sevrage, voit ses relations sociales et familiales se dégrader.

L'addiction prend le dessus sur la volonté. Comme pour toute dépendance, **la liberté de choix disparaît** progressivement. L'individu est « pris au piège ».

3. Symptômes les plus courants de l'addiction

Les principaux symptômes de l'addiction aux réseaux sociaux sont :

Perte de contrôle : incapacité à réguler son temps d'utilisation.
Tolérance : besoin croissant d'être connecté plus longtemps pour obtenir la même satisfaction.
Manque : agacement ou malaise en l'absence de connexion.
Déni : minimisation ou justification du comportement excessif.
Conflits : avec l'entourage, au travail, à l'école, dus au temps passé en ligne.
Désintérêt : pour les activités non numériques, désengagement de la vie réelle.

Ces symptômes doivent être observés sur une **durée prolongée**, généralement **plusieurs mois**, pour qu'on puisse parler de véritable addiction.

4. Les réseaux sociaux : conçus pour créer la dépendance ?

Il ne faut pas négliger un élément central : les plateformes de réseaux sociaux sont **délibérément conçues pour capter notre attention et générer un attachement fort.** Elles exploitent les mécanismes de récompense du cerveau, utilisent des techniques de gamification, des notifications visuelles et sonores, des fils d'actualité personnalisés.

3

La logique algorithmique vise à **prolonger le temps de connexion,** car ce temps se convertit directement en **valeur économique** pour les plateformes (publicité ciblée, collecte de données, etc.). Ce modèle commercial renforce les comportements de dépendance, en particulier chez les plus jeunes, qui sont plus vulnérables au conditionnement.

5. Une dépendance encore sous-estimée

L'addiction aux réseaux sociaux est encore **peu reconnue officiellement dans les manuels de diagnostic** (comme le DSM-5). Cependant, de plus en plus d'études mettent en lumière son impact destructeur sur la santé mentale et le fonctionnement social, en particulier chez les adolescents et les jeunes adultes.

Sa nature insidieuse – car socialement acceptée, voire valorisée – la rend **plus difficile à détecter** que d'autres formes d'addiction. Il ne s'agit pas d'un comportement marginal, mais bien d'un phénomène de masse.

6. Une addiction "invisible" mais bien réelle

Parce que les réseaux sociaux sont **omniprésents** dans nos vies personnelles et professionnelles, il est difficile de prendre du recul. Cette **normalisation** rend le diagnostic encore plus compliqué. Les effets peuvent être tout aussi ravageurs que ceux d'autres addictions : anxiété chronique, isolement social, perte de confiance en soi, épuisement mental, détérioration cognitive...

Reconnaître l'addiction est donc le premier pas vers la guérison. Cela implique une **prise de conscience individuelle** et une **éducation collective** sur les usages numériques.

I.2 Une dépendance comportementale moderne : pourquoi les réseaux sociaux capturent notre attention ?

L'addiction aux réseaux sociaux ne résulte pas d'un hasard ou d'une faiblesse personnelle. Il s'agit d'un phénomène systémique, issu de la rencontre entre **psychologie humaine** et **technologies conçues pour capter et retenir l'attention.** Cette dépendance comportementale moderne repose sur des mécanismes cognitifs profonds, des stratégies numériques sophistiquées, et une société hyperconnectée où la disponibilité constante est devenue la norme.

1. Une conception intentionnelle de l'addiction

Les plateformes comme Facebook, Instagram, TikTok, Twitter/X ou Snapchat ne sont pas de simples outils de communication. Ce sont de **véritables machines à capter l'attention**, pensées et optimisées pour **prolonger le temps d'écran**. Leur rentabilité repose sur un modèle économique simple : **plus vous passez de temps sur la plateforme, plus elles gagnent de l'argent grâce à la publicité** et à la vente de vos données.

Pour y parvenir, elles mobilisent une science appelée **"captologie"** (de "capture" et "technologie"), qui étudie comment les technologies peuvent influencer les comportements humains. Des experts en neurosciences, design d'interfaces, psychologie comportementale, travaillent ensemble pour **rendre les applications aussi attractives que possible.**

Parmi les techniques utilisées :

Le **scrolling infini** : vous ne touchez jamais la fin du contenu.
Les **notifications push** aléatoires : elles créent une attente constante.
Le **système de récompense variable** : un like, un commentaire, une nouvelle story, mais de manière imprévisible.
L'**effet de boucle fermée** : plus vous interagissez, plus l'algorithme affine votre flux pour vous garder accroché.
Ces éléments activent des **réponses neurologiques similaires à celles induites par des drogues**, notamment via le circuit de la dopamine.

2. La dopamine : au cœur du piège numérique

La dopamine est un neurotransmetteur associé au plaisir, à la motivation et à la récompense. Chaque fois que nous recevons un like, une mention, une notification, notre cerveau sécrète une petite dose de dopamine. Ce **plaisir instantané**, bien qu'éphémère, crée une **association positive** avec l'usage du réseau social.

Mais ce système fonctionne sur le **principe de la récompense intermittente**, comme dans les jeux d'argent. Parfois on est gratifié, parfois non. Ce caractère aléatoire stimule encore plus le cerveau. On scrolle "juste une minute de plus", dans l'espoir de tomber sur quelque chose de captivant, drôle ou valorisant.

À terme, l'utilisateur est **conditionné** : son comportement devient automatique, compulsif, et sa tolérance augmente. Il lui faut plus de contenu, plus d'interactions, pour obtenir le même niveau de satisfaction.

3. Le besoin de validation sociale

L'être humain est un **animal social**. Depuis l'enfance, nous cherchons l'approbation et l'estime des autres. Les réseaux sociaux ont exacerbé ce besoin naturel de reconnaissance en le **quantifiant** : nombre de "likes", de commentaires, de vues, de partages. Ces métriques deviennent **des marqueurs de valeur personnelle**.

Ce besoin de validation sociale devient une **dépendance émotionnelle**. On se sent bien quand nos publications reçoivent des retours positifs, et mal dans le cas contraire. Cela entraîne :

> ➤ une **obsession de l'image**,
> ➤ une **surexposition personnelle**,
> ➤ une **comparaison permanente** avec les autres,
> ➤ une **insécurité croissante**, surtout chez les jeunes.

Ce phénomène contribue à **brouiller les repères identitaires** et à créer une fragilité émotionnelle constante.

4. Le FOMO : peur de manquer quelque chose

Le **FOMO ("Fear Of Missing Out" ou en francais "(Peur de Manquer Quelque Chose, PMQ)")** est un autre moteur puissant de l'addiction. Il s'agit de la peur irrationnelle de **rater une information,** une opportunité, un événement, une tendance. Cela pousse à consulter compulsivement les réseaux sociaux, à ne jamais se déconnecter, à vérifier constamment si « quelque chose s'est passé ».

Le FOMO génère :

> de l'anxiété,
> une perte de concentration,
> une sensation de vide ou de frustration lors des moments « hors ligne ».

Ce besoin d'être toujours informé et à jour est renforcé par la **pression sociale** : ne pas savoir, c'est être exclu du groupe, ne pas faire partie de la conversation.

5. L'ancrage dans la routine quotidienne

Avec le temps, l'usage des réseaux sociaux **s'inscrit dans tous les moments creux** : au réveil, dans les transports, aux toilettes, en pause, avant de dormir…

Ces micro-moments deviennent autant d'**occasions de se reconnecter.**

Progressivement, une **habitude ancrée** s'installe. Le téléphone devient une extension du corps. On ne s'ennuie plus, on « scrolle ». On ne réfléchit plus, on consulte les stories. Cette **absence de vide** ou de silence intérieur peut étouffer l'imaginaire, la réflexion, le repos psychique.

6. Une stimulation constante, source d'épuisement mental

Les réseaux sociaux offrent une **stimulation continue** : images, vidéos, sons, commentaires, débats…

Le cerveau est **saturé** d'informations, de sollicitations, de décisions microsecondes (liker ou pas, commenter ou pas, répondre ou ignorer...).

Cette surcharge informationnelle génère :

+ de la fatigue mentale,
+ une baisse de la capacité d'attention,
+ une intolérance à l'ennui ou à la lenteur,
+ une difficulté à rester concentré sur des tâches longues.

Cet état d'**hyperstimulation cognitive** ressemble à celui observé dans les troubles anxieux ou le TDAH.

7. La boucle auto-renforçante : usage → plaisir → isolement → usage

L'addiction aux réseaux sociaux suit souvent un **cercle vicieux** :

L'individu ressent un malaise, une solitude ou une anxiété → il se connecte pour se distraire → il obtient un plaisir temporaire → il déconnecte → il se sent vide ou coupable → il se reconnecte…

Chaque passage sur la plateforme **renforce la boucle**, et rend plus difficile toute tentative de régulation.

L'addiction aux réseaux sociaux est profondément enracinée dans la **psychologie humaine** et **l'architecture même des plateformes**. Elle repose sur :

+ la gratification instantanée,
+ la validation sociale,
+ la peur de manquer,
+ la routine inconsciente,
+ l'isolement émotionnel.

Comprendre ces mécanismes permet de **prendre du recul sur ses propres usages** et de mieux identifier les moments où l'usage bascule dans la dépendance. L'étape suivante est d'examiner le rôle des **algorithmes et des notifications** dans ce conditionnement mental — ce que nous développerons au point **I.3**.

I.3 Le rôle des algorithmes et des notifications dans le conditionnement mental

L'addiction aux réseaux sociaux ne repose pas uniquement sur la psychologie humaine ou le besoin de validation sociale. Elle est aussi **renforcée et entretenue** par des outils invisibles mais extrêmement puissants : les **algorithmes** et les **systèmes de notifications**. Ces deux éléments constituent l'ossature technique des plateformes, et sont conçus pour **manipuler subtilement notre comportement, capter notre attention et prolonger notre engagement.**

Comprendre leur fonctionnement est essentiel pour saisir pourquoi il est si difficile de se déconnecter et de résister à la tentation de « jeter un coup d'œil » qui finit souvent en une heure perdue à scroller.

1. Les algorithmes : le cerveau invisible des réseaux sociaux

Un algorithme, en termes simples, est **une suite d'instructions programmées** pour résoudre un problème ou effectuer une tâche. Dans le contexte des réseaux sociaux, les algorithmes déterminent :

- ce que vous voyez dans votre fil d'actualité,
- dans quel ordre,
- à quel moment,
- avec quel niveau de priorité.

Mais ce n'est pas neutre : les plateformes utilisent des **algorithmes prédictifs basés sur l'intelligence artificielle** et le **machine learning** pour adapter le contenu **en fonction de votre comportement passé.** Chaque clic, chaque pause sur une vidéo, chaque interaction est analysé pour **optimiser votre engagement futur.**

Ces algorithmes exploitent plusieurs principes psychologiques :

a. La personnalisation extrême

L'algorithme vous montre ce qui **vous plaît**, même si cela vous enferme dans une **bulle de filtre** (filter bubble) où vous ne voyez plus que ce qui renforce vos croyances, vos goûts ou vos émotions dominantes.

Répercussions :
- vous passez plus de temps sur la plateforme,
- vous êtes moins exposé à la diversité,
- vous développez une forme de **dépendance au contenu "taillé sur mesure"**.

b. Le renforcement comportemental

Les plateformes s'inspirent des **expériences de B.F. Skinner** sur le conditionnement opérant. Skinner avait démontré que les récompenses distribuées de façon aléatoire (récompense variable) rendaient les comportements plus résistants à l'extinction. Cela a été reproduit dans les **systèmes de feed aléatoire** des réseaux sociaux :

- parfois un post drôle,
- parfois viral,
- parfois émouvant.

L'imprévisibilité **attise la curiosité** et renforce l'addiction.

c. Le contenu polarisant

Les algorithmes ont tendance à privilégier les contenus :
- émotionnellement chargés (colère, peur, euphorie),
- polarisants ou extrêmes,
- générateurs de réactions ("likes", commentaires, partages).

Cela crée un écosystème **hautement stimulant et conflictuel**, qui maintient l'utilisateur engagé dans des discussions, débats, ou vagues d'indignation. Plus l'émotion est forte, plus l'engagement est long... et plus les algorithmes le récompensent.

2. Les notifications : la cloche pavlovienne du numérique

Les **notifications** jouent un rôle central dans le mécanisme d'addiction. Visuelles, sonores, vibrantes, elles sont conçues pour **attirer immédiatement l'attention** de l'utilisateur et provoquer une **réaction réflexe**.

Elles utilisent :

- **l'urgence apparente** : « Quelqu'un a réagi à votre publication », « Vous avez été mentionné dans une story », « Nouveau message »,
- **la rareté** : « Vous êtes l'un des rares à avoir vu cette vidéo », ou « Vos amis sont en ligne maintenant »,
- **la curiosité** : sans montrer exactement le contenu, elles incitent à cliquer pour "voir ce que c'est".

a. Les notifications push

Les **notifications push** (envoyées même si vous ne consultez pas l'application) créent une **rupture constante dans votre attention**. Elles agissent comme une **récompense anticipée** : on imagine déjà ce que l'on va voir avant même d'ouvrir l'application.

Ces micro-interruptions stimulent la libération de dopamine, favorisant **l'ancrage comportemental**. Plus elles sont nombreuses et imprévisibles, plus elles renforcent le besoin de se reconnecter.

b. L'anxiété de la non-réponse

Les réseaux sociaux introduisent une logique d'**immédiateté relationnelle** : on s'attend à une réponse rapide après un message ou une publication. L'absence de réaction provoque une **tension mentale**.

Le cerveau commence à anticiper les interactions, générant un **stress latent**, comparable à celui que l'on retrouve dans les états de manque.

3. L'architecture de l'attention : une guerre silencieuse

Chaque plateforme mène une **véritable guerre de l'attention**. Votre temps est leur ressource. Tout est pensé pour que vous **ne quittiez jamais l'environnement** :

- **Autoplay** : une vidéo finit, une autre commence.
- **Stories sans fin** : on passe d'un profil à l'autre sans transition.
- **Contenu recommandé** : après une interaction, une suggestion contextuelle vous garde engagé.

C'est ce que Tristan Harris, ancien designer chez Google et fondateur du "**Center for Humane Technology**", appelle une **« économie de l'attention »**, où le cerveau humain devient le produit commercialisé.

4. Le faux sentiment de contrôle

Un des pièges les plus pervers est l'**illusion de libre arbitre**. L'utilisateur croit choisir ce qu'il regarde, ce qu'il lit, avec qui il interagit. Mais en réalité, ses choix sont **guidés, orientés, biaisés** par des algorithmes qui maximisent l'engagement, pas la qualité ou la vérité de l'information.

Ce phénomène est amplifié par l'**effet de renforcement algorithmique** : plus on clique sur un type de contenu, plus on en reçoit. Cela crée des **chambres d'écho** (echo chambers) où l'on finit par voir le monde à travers un prisme déformé.

5. Conditionnement mental : du choix à l'automatisme

Ce que produisent les algorithmes et les notifications, à long terme, c'est une **transformation du comportement volontaire en automatisme inconscient**.

Les étapes du conditionnement mental sont les suivantes :

1. **Exposition répétée** à des stimuli captivants (contenus, "likes", messages).
2. **Association positive** avec une récompense émotionnelle (plaisir, reconnaissance).

3. **Renforcement variable** qui rend le comportement résistant à l'extinction.
4. **Intégration dans la routine quotidienne.**
5. **Réflexe conditionné** : on ouvre l'application sans même y penser.

Ce processus s'apparente à un **apprentissage pavlovien** : l'environnement numérique conditionne le cerveau à répondre à des signaux (sons, vibrations, images), de manière automatique.

6. Vers une prise de conscience

Les algorithmes et notifications ne sont pas des ennemis en soi. Ces sont des outils. Mais dans un système qui récompense l'**engagement à tout prix**, ces outils deviennent **des armes de manipulation massive.**

La bonne nouvelle, c'est que :
- ✓ leur fonctionnement **peut être compris,**
- ✓ leur impact **peut être atténué,**
- ✓ des solutions **peuvent être mises en place** (désactiver les notifications, utiliser des interfaces minimalistes, limiter les recommandations, etc.).

Mais avant cela, il faut **reconnaître leur rôle dans notre comportement quotidien**, et accepter que, sans vigilance, **notre attention peut être entièrement déléguée à une machine.**

I.4 Objectifs du livre : Comprendre, prévenir et se libérer de l'addiction numérique

L' usage excessif aux réseaux sociaux est une problématique contemporaine qui, bien qu'omniprésente, reste encore mal comprise et sous-estimée. Ce livre n'a pas pour but de diaboliser la technologie, ni de prôner une rupture radicale avec le numérique, mais d'offrir **une réflexion lucide et constructive** sur la relation que nous entretenons avec ces plateformes devenues omniprésentes. Il vise à proposer des **clefs de compréhension**, des **outils de prévention** et surtout des **solutions concrètes** pour celles et ceux qui souhaitent **retrouver un équilibre dans leur usage des réseaux sociaux.**

1. Comprendre : prendre conscience de l'addiction

Le premier objectif de ce livre est de **faire émerger la prise de conscience.** Beaucoup d'utilisateurs sont **piégés dans des habitudes** numériques sans même s'en rendre compte. L'usage des réseaux sociaux est banalisé, voire valorisé, ce qui rend la dépendance difficile à détecter. Les symptômes sont bien réels : perte de temps, troubles de l'attention, stress, anxiété, isolement social, fatigue mentale, et parfois dépression.

Comprendre l'addiction requiert de répondre aux questions suivantes :

- ➤ Comment notre cerveau réagit-il aux stimuli numériques ?
- ➤ Pourquoi avons-nous besoin de cette connexion permanente ?
- ➤ Qu'est-ce qui différencie un usage sain d'un usage compulsif ?
- ➤ Quel est le rôle des algorithmes et des plateformes dans la captation de notre attention ?
- ➤ Quels sont les signes d'alerte à ne pas ignorer ?

En répondant à ces questions, le lecteur pourra **mettre des mots sur ce qu'il vit**, reconnaître des comportements problématiques, et surtout sortir du **déni,** souvent présent chez les personnes dépendantes.

2. Prévenir : sensibiliser et éduquer à l'usage du numérique

La prévention est un pilier fondamental. Une grande partie des troubles liés à l'usage des réseaux sociaux pourrait être **évités avec une éducation numérique adaptée** dès le plus jeune âge. Ce livre se donne aussi pour mission de **fournir des outils préventifs,** utilisables tant par les individus que par les familles, les enseignants, les éducateurs ou les professionnels de la santé.

La prévention passe par :
- ➤ une **éducation aux mécanismes numériques** (algorithmes, notifications, captation de l'attention),

➤ une **formation aux comportements à risque** (temps d'écran excessif, comparaison sociale, isolement),
➤ une **valorisation d'alternatives saines** à la connexion constante,
➤ la mise en place d'**habitudes numériques équilibrées**.

Chacun doit pouvoir se doter de repères et de limites claires pour maintenir un rapport sain au numérique. Cela inclut la gestion du temps d'écran, l'importance des pauses, le développement de l'esprit critique face aux contenus, et la redécouverte du plaisir d'activités hors ligne.

3. Guérir : aider à se libérer de la dépendance

Un des axes les plus importants du livre est la **prise en charge de l'addiction aux réseaux sociaux**. Loin de se limiter à un simple « déconnecte-toi », il s'agit d'un **processus progressif et structuré**, qui demande engagement, accompagnement, et parfois un suivi professionnel.

Ce livre propose :
➤ une **analyse des différentes stratégies thérapeutiques** (TCC, pleine conscience, coaching, sevrage numérique, accompagnement familial),
➤ des **témoignages de personnes en processus de rétablissement**,
➤ des **exercices pratiques** pour apprendre à reprendre le contrôle sur ses habitudes numériques,
➤ des **protocoles de détox digitale** adaptés à différents profils (adolescents, étudiants, travailleurs, parents, retraités...).

L'objectif est de **rendre l'utilisateur acteur de son changement**, en lui donnant des outils simples, personnalisables, et applicables à son rythme.

Ce processus ne vise pas à **diaboliser les réseaux sociaux**, mais à en **reprendre la maîtrise**. Il ne s'agit pas d'interdire, mais de choisir en conscience.

4. Réconcilier : retrouver un usage équilibré et conscient du numérique

Une fois la dépendance identifiée et la démarche de transformation entamée, l'étape suivante consiste à **reconstruire une relation apaisée et utile avec le numérique.**

Nous vivons dans une société où il est illusoire de vouloir supprimer totalement les réseaux sociaux. Ils sont devenus des outils incontournables pour :

➤ communiquer avec ses proches,
➤ travailler, collaborer à distance,
➤ se divertir ou se cultiver,
➤ s'informer ou s'engager.

L'objectif n'est donc pas la suppression, mais la **modération consciente.**

Cela implique :
➤ apprendre à **choisir les plateformes qui nous servent réellement,**
➤ développer une capacité à **identifier les usages utiles et les usages toxiques,**
➤ instaurer des **rituels de connexion et de déconnexion,**
➤ maintenir une **hygiène mentale numérique,** au même titre qu'une hygiène alimentaire ou corporelle.

Ce livre proposera des pistes pour créer un **cadre personnel,** adapté à son mode de vie, dans lequel les réseaux sociaux redeviennent **des outils au service de ses valeurs, et non l'inverse.**

5. Agir : responsabiliser les utilisateurs et interpeller les institutions

Au-delà du niveau individuel, l'addiction aux réseaux sociaux est aussi un **enjeu collectif, éducatif, sociétal et politique.** Ce livre souhaite aussi alerter sur la **responsabilité des géants du numérique** et la **nécessité d'un encadrement éthique de ces technologies.**

Des pistes seront abordées, telles que :
- **l'encadrement des notifications** chez les mineurs,
- la **transparence des algorithmes**,
- l'**obligation de neutralité attentionnelle**,
- l'**intégration de l'éducation numérique à l'école**,
- le soutien aux **recherches cliniques et sociales** sur les effets du numérique.

Les utilisateurs, les parents, les professionnels de la santé et les décideurs doivent être **formés et informés** pour pouvoir jouer un rôle actif dans la régulation de ces outils.

6. Un message d'équilibre, pas de peur

Ce livre porte un **message d'espoir et d'équilibre**. Il ne s'agit pas d'alimenter un discours de peur ou de culpabilité, mais d'encourager une **réappropriation consciente** de notre rapport au numérique.

Chacun peut retrouver **du pouvoir sur son attention, sur son temps, sur son énergie mentale**. Il n'est jamais trop tard pour reprendre le contrôle et construire un quotidien plus serein, plus présent, plus riche de relations humaines véritables.

Ce livre est une **invitation à la lucidité et à l'action**. Il vous accompagnera dans un parcours en quatre temps :
1. **Comprendre** les mécanismes de l'addiction aux réseaux sociaux.
2. **Prévenir** chez soi et chez les autres les comportements à risque.
3. **Guérir** grâce à des outils concrets, éprouvés et accessibles.
4. **Réconcilier** son rapport au numérique pour mieux vivre avec.

Il s'adresse à toutes celles et ceux qui sentent que leur téléphone prend trop de place, qu'ils n'arrivent plus à se concentrer, qu'ils vivent dans l'anxiété numérique… mais aussi à ceux qui veulent **aider un proche, un enfant, un collaborateur** à retrouver sa liberté mentale.

CHAPITRE 1 : Les mécanismes psychologiques de l'addiction

1.1 Le circuit de la récompense : dopamine, gratification immédiate et "scrolling" infini

Comprendre la puissance de l'addiction aux réseaux sociaux requiert une immersion dans **les mécanismes neurobiologiques qui gouvernent notre comportement.** Parmi ceux-ci, le **circuit de la récompense** joue un rôle fondamental. Ce système cérébral, conçu pour nous encourager à adopter des comportements bénéfiques à notre survie (comme manger, socialiser ou se reproduire), est aujourd'hui **massivement sollicité par les technologies numériques** – et en particulier les réseaux sociaux.

1. Le circuit de la récompense : une fonction biologique essentielle

Le circuit de la récompense est un ensemble de structures cérébrales, principalement situées dans le système limbique, qui produit une **sensation de plaisir** lorsqu'un comportement est jugé satisfaisant ou bénéfique. Le messager principal de ce système est un neurotransmetteur bien connu : **la dopamine.**

Chaque fois que nous accomplissons une action gratifiante – manger un bon repas, recevoir un compliment, écouter de la musique que nous aimons – notre cerveau libère de la dopamine. Cette libération crée une sensation de plaisir qui nous incite à **répéter l'action.** Il s'agit donc d'un système **d'apprentissage par la récompense,** très utile dans un cadre naturel... mais facilement manipulable dans un contexte numérique.

2. Les réseaux sociaux : des déclencheurs dopaminergiques artificiels

Les réseaux sociaux exploitent ce système biologique à grande échelle. Chaque interaction sociale numérique – un **like**, un **commentaire**, une **notification**, un **nouvel abonné** – déclenche une petite **décharge de dopamine**. Ces micro-récompenses, bien que souvent insignifiantes d'un point de vue objectif, ont un **effet psychologique puissant**.

À mesure que l'utilisateur interagit avec la plateforme, il associe son usage à une source de plaisir immédiat. Ce phénomène est encore plus intense chez les adolescents, dont le cerveau en pleine construction est **plus sensible aux récompenses sociales** et à la nouveauté.

Cette logique peut conduire à :

- une **vigilance constante** à l'égard du téléphone,
- une **vérification compulsive** des notifications,
- une **dépendance à la gratification immédiate**,
- une **diminution de l'intérêt pour des tâches longues et non stimulantes**.

3. Le scrolling infini : le piège sans fin

Le **scrolling infini**, présent sur toutes les grandes plateformes (Instagram, TikTok, Facebook, YouTube Shorts...), est une invention qui a **révolutionné notre manière de consommer du contenu**. En supprimant la notion de fin, ce mécanisme encourage une consommation prolongée et passive de contenus.

Pourquoi est-ce si addictif ? Parce que cela mobilise un **principe comportemental puissant : la récompense variable**.

- Parfois, une vidéo drôle apparaît.
- Parfois, un post inspirant.
- D'autres fois, rien d'intéressant.

C'est exactement le même schéma qu'on retrouve dans les **machines à sous** : on ne sait jamais ce qui va apparaître ensuite. Cette incertitude, combinée à l'effet dopamine, rend le comportement **extrêmement difficile à interrompre.**

4. La gratification immédiate vs la patience

Les réseaux sociaux nous ont habitués à un monde où **tout est accessible immédiatement** :
- un message ? Notification instantanée.
- une question ? Réponse via un post ou une vidéo.
- un besoin de reconnaissance ? "Likes" et emojis en un clic.

Ce **conditionnement à la gratification instantanée** a un coût : nous devenons **de moins en moins tolérants à la frustration, moins capables d'attendre,** et **plus enclins à éviter les efforts cognitifs.**

Ce phénomène a des conséquences concrètes :
- Difficultés de concentration prolongée,
- Impatience face aux apprentissages longs,
- Abandon rapide de projets ou d'activités exigeantes,
- Recherche constante de distractions.

Ce comportement, typique de l'addiction, est en réalité une conséquence d'un **cerveau surentraîné à répondre à la stimulation rapide et continue.**

5. Une neuroplasticité détournée

Le cerveau est **plastique**, c'est-à-dire qu'il s'adapte en fonction de nos habitudes. Plus nous utilisons une application, plus des **connexions neuronales** se créent pour automatiser son usage. C'est ce qui rend les réseaux sociaux si difficiles à abandonner : **ils sont devenus des réflexes intégrés.**

Un simple exemple : combien de fois avez-vous sorti votre téléphone sans raison apparente, juste « pour voir » ? Ce n'est plus un choix conscient, mais **une habitude neurologique inscrite dans votre mémoire procédurale.**

Et comme pour toute habitude enracinée, la désactivation de ces circuits nécessite :

- ❖ une **prise de conscience active,**
- ❖ un **effort répété et volontaire,**
- ❖ des **comportements alternatifs** pour « reprogrammer » le cerveau.

6. L'effet cumulatif des micro-récompenses

La dangerosité des réseaux sociaux ne réside pas uniquement dans les récompenses ponctuelles, mais dans leur **fréquence et leur régularité.** Chaque notification, chaque interaction sociale numérique est une **micro-récompense,** qui renforce le comportement… un peu comme si vous receviez une mini-dose d'euphorie toutes les 3 à 5 minutes.

À la longue, cela entraîne une **surcharge du système dopaminergique,** qui peut engendrer :

- ❖ une **tolérance** : il faut plus de stimuli pour obtenir le même effet,
- ❖ une **perte de plaisir dans les activités ordinaires,**
- ❖ une **exaspération** ou **anxiété** en cas d'absence de stimulation,
- ❖ une **forme de sevrage psychologique** lorsque l'on tente de se déconnecter.

Ce sont des **symptômes typiques de l'addiction,** présents dans les dépendances comportementales comme le jeu pathologique.

7. Un piège redoutable pour les plus jeunes

Les adolescents et les jeunes adultes sont particulièrement exposés à ces mécanismes. Leur cerveau, encore en développement, est :

- ❖ **plus réactif aux récompenses,**
- ❖ **moins équipé pour résister aux impulsions,**
- ❖ **fortement influencé par la pression sociale.**

Le résultat : des jeunes ultra-connectés, mais souvent **plus isolés, plus stressés,** et parfois en détresse psychologique. Le système éducatif et les familles ont un rôle majeur à jouer pour **encadrer, éduquer et protéger.**

Le **circuit de la récompense**, à travers la dopamine, est un levier puissant de conditionnement. Les réseaux sociaux, en exploitant ce circuit via des récompenses rapides, aléatoires et personnalisées, **capturent notre attention et renforcent des comportements compulsifs.**

Ce phénomène n'est pas le fruit du hasard : il est le **résultat d'un design intentionnel,** d'un système pensé pour générer de l'engagement maximal. Le comprendre, c'est **reprendre du pouvoir** sur nos usages et commencer à **reprendre le contrôle sur notre vie numérique.**

1.2 La validation sociale : "likes", partages et peur de manquer (FOMO)

Dans la mécanique de l'addiction aux réseaux sociaux, la **validation sociale** joue un rôle central. Les plateformes numériques ont transformé les interactions humaines en **unités mesurables de reconnaissance :** "likes", cœurs, pouces bleus, partages, commentaires, abonnés. Ces signes extérieurs de validation ne sont pas anodins : ils touchent directement à notre besoin d'appartenance, d'estime et de reconnaissance. Le besoin de plaire, d'être vu, d'être validé, est profondément humain — mais dans l'univers numérique, il est **amplifié, quantifié et rendu dépendant de mécanismes externes.**

1. Le besoin fondamental d'approbation sociale

Le besoin de validation sociale n'est pas nouveau. Il est ancré dans notre évolution. En tant qu'espèce sociale, les humains ont toujours eu besoin :

❖ d'être acceptés dans un groupe,
❖ d'être reconnus et valorisés,
❖ d'évaluer leur statut social par rapport aux autres.

Ce besoin d'appartenance est si fort qu'il influence nos comportements, nos croyances et même notre identité. Dans les sociétés traditionnelles, cette reconnaissance se manifestait par des rôles sociaux, des rituels, des interactions directes.

Aujourd'hui, avec les réseaux sociaux, **cette validation passe par l'écran**. Elle est immédiate, visible, et surtout... mesurable.

2. Les "likes" : une drogue douce mais puissante

Chaque like reçu agit comme une **micro-récompense**. À chaque interaction positive, le cerveau libère un peu de dopamine, produisant un **plaisir temporaire**, comme nous l'avons vu dans la section précédente. Mais ici, la récompense ne vient pas d'un accomplissement personnel ou d'une interaction profonde : elle vient d'un **clic**, souvent fait sans grande réflexion par d'autres utilisateurs.

Le problème réside dans la **valorisation de ces "likes"** comme s'ils représentaient une mesure objective de notre valeur personnelle. Il en résulte :
- ❖ une **obsession du "feedback"**,
- ❖ une **attente angoissante** après une publication (« Est-ce que ça va plaire ? »),
- ❖ une **comparaison constante** avec les autres.

Quand une publication ne reçoit pas les résultats espérés, l'utilisateur peut ressentir :
- ❖ de la **dévalorisation** (« Je ne suis pas intéressant(e) »),
- ❖ une forme de contrariété,
- ❖ voire un **découragement profond**.

Cela peut conduire à des comportements de plus en plus calibrés pour plaire : retouche des photos, publication d'images flatteuses, conformisme social, mise en scène de la vie quotidienne.

3. La comparaison sociale permanente

L'un des effets pervers de la validation numérique est la **comparaison sociale amplifiée**. Sur les réseaux, les utilisateurs ne publient pas leur quotidien réel, mais **une version idéalisée, filtrée, parfois mensongère.** On y voit :

- ❖ des voyages,
- ❖ des réussites,
- ❖ des corps parfaits,
- ❖ des moments heureux en famille ou en couple.

Ce que l'on ne voit pas, ce sont les moments d'ennui, de tristesse, d'échec. Le cerveau ne fait pas cette distinction. Il compare **notre vie entière** avec **les meilleurs extraits de la vie des autres.**

Bilan :

- ❖ une **insatisfaction croissante** vis-à-vis de sa propre existence,
- ❖ une **baisse de l'estime de soi,**
- ❖ une **pression pour se conformer** à des standards inaccessibles.

Les adolescents sont particulièrement vulnérables à ce phénomène. Leur identité étant en construction, ils sont **plus sensibles au regard des autres** et peuvent développer :

- ❖ des troubles de l'image corporelle,
- ❖ des troubles anxieux ou dépressifs,
- ❖ une dépendance émotionnelle à l'approbation numérique.

4. Le FOMO : la peur de rater quelque chose

Le **FOMO (Fear Of Missing Out)** est une peur moderne, intimement liée à l'usage excessif des réseaux sociaux. Il s'agit de la crainte irrationnelle de **manquer une information importante, un événement social, une tendance, une opportunité.**

Le FOMO se manifeste par :

- ❖ une **vérification compulsive** des applications (plusieurs dizaines de fois par jour),
- ❖ une **incapacité à se concentrer** sans consulter son téléphone,
- ❖ un **stress latent** en cas de déconnexion forcée.

Ce sentiment est entretenu par :

- ❖ les "stories" éphémères (disparaissant en 24h),

- ❖ les notifications de ce que les autres regardent ou aiment,
- ❖ les mises à jour constantes de contenu.

En clair, le FOMO exploite **la peur d'être exclu**, de ne plus faire partie du groupe, de ne plus être dans le « courant ». Cette anxiété pousse à un **état de veille numérique permanent**, qui empêche le repos mental.

5. La validation comme monnaie d'existence

Dans certains contextes, la validation numérique devient **la condition d'existence sociale**. C'est particulièrement vrai chez les influenceurs, les créateurs de contenu, mais aussi chez les adolescents. Il ne suffit plus d'être ; **il faut être vu, liké, reconnu.**

Cela peut conduire à des comportements tels que :
- ❖ la mise en scène constante de sa vie privée,
- ❖ la recherche de buzz ou de provocation pour générer de l'engagement,
- ❖ le besoin d'**exister en ligne** pour se sentir exister tout court.

La frontière entre **identité réelle** et **identité numérique** devient floue. Ce phénomène peut provoquer une **dissociation psychologique**, où l'image que l'on renvoie est plus importante que ce que l'on ressent réellement.

6. La peur de ne plus exister sans validation

Un autre phénomène inquiétant est la **crainte de disparaître** si l'on ne publie plus. Certaines personnes ressentent un **vide existentiel** lorsqu'elles ne postent rien, comme si elles devenaient invisibles. Ce sentiment, associé à une perte de contrôle sur l'usage des plateformes, constitue un **symptôme avancé de l'addiction**.

Cela peut aussi entraîner :
- ❖ un épuisement à « devoir toujours créer du contenu »,
- ❖ une perte de spontanéité,
- ❖ une anxiété liée au jugement permanent.

7. Vers une dépendance émotionnelle

La validation sociale numérique peut mener à une **forme de codépendance émotionnelle** : l'humeur de l'utilisateur varie en fonction de la réception de ses publications. Une bonne journée dépend du nombre de "likes". Une mauvaise journée commence par un post ignoré.

Ce type de dépendance est dangereux car il :
- ❖ **nuit à l'indépendance émotionnelle,**
- ❖ **rend les émotions dépendantes de facteurs externes** et incontrôlables,
- ❖ **alimente un cercle vicieux** d'angoisse et de sur-connexion.

La validation sociale sur les réseaux n'est pas anodine. Elle active des mécanismes profonds liés à notre besoin d'appartenance et de reconnaissance. En les numérisant et en les rendant visibles, les plateformes transforment ces mécanismes en **leviers d'addiction puissants**.

Les "like"s, les partages, les commentaires, les vues, deviennent **des monnaies émotionnelles** qui dictent notre comportement et influencent notre rapport à nous-mêmes. Le FOMO et la comparaison sociale viennent renforcer cette dépendance, créant un terrain fertile pour le mal-être, la perte d'estime de soi, et l'addiction.

Prendre conscience de ces mécanismes est une étape essentielle vers la **reprise de contrôle**. Dans les sections suivantes, nous explorerons d'autres facettes de cette addiction, avant d'aborder les **solutions concrètes pour s'en libérer**.

1.3 L'anxiété de la déconnexion : syndrome de sevrage numérique

L'un des signes les plus révélateurs d'une dépendance est l'apparition d'un **état de malaise ou d'angoisse lorsqu'on est privé de l'objet de sa dépendance.** Pour l'addiction aux réseaux sociaux, cette manifestation porte un nom : **l'anxiété de la déconnexion.** Ce phénomène, encore peu connu du grand public, fait pourtant partie des mécanismes psychologiques majeurs qui entretiennent l'addiction et empêchent les utilisateurs de retrouver un usage libre et serein du numérique.

1. Qu'est-ce que l'anxiété de la déconnexion ?

L'anxiété de la déconnexion se définit comme **une tension émotionnelle, une nervosité, voire un stress aigu** ressentis lorsqu'une personne se retrouve **incapable d'accéder à ses réseaux sociaux**, que ce soit de manière volontaire (tentative de sevrage) ou involontaire (panne d'Internet, oubli du téléphone, batterie déchargée, etc.).

Les symptômes typiques incluent :
- un **énervement soudain,**
- un **sentiment de vide ou d'ennui profond,**
- des pensées obsessionnelles du type « Qu'est-ce que je rate en ce moment ? »,
- des gestes automatiques (chercher le téléphone absent),
- une **angoisse diffuse,**
- une **frustration marquée.**

Ces manifestations sont proches de ce que l'on observe dans les **syndromes de sevrage** liés à d'autres addictions (comme le tabac, la caféine ou certaines drogues). Le cerveau privé de ses stimuli habituels manifeste son manque par une forme de détresse psychologique.

2. La dépendance à la connexion constante

Les réseaux sociaux ne sont plus de simples outils de communication : ils sont devenus **des environnements permanents d'interaction, de stimulation et de reconnaissance sociale.** Cette accessibilité constante a créé une **nouvelle norme : être toujours disponible, toujours joignable, toujours au courant.**

Cette hyperconnexion entraîne une **dépendance à la stimulation numérique.** On s'habitue à une dose régulière de contenus, de notifications, de messages. Lorsqu'elle disparaît, le cerveau entre en état de manque.

Ce phénomène est amplifié par :
- ❖ la **culture de la rapidité** (répondre immédiatement),
- ❖ la **pression sociale implicite** (ne pas laisser les autres en « vu »),
- ❖ l'habitude de **remplir les moindres moments de vide** (attente, pause, transports…).

3. Le syndrome FOMO comme facteur aggravant

Comme vu précédemment, le **FOMO (Fear Of Missing Out)** renforce l'anxiété de la déconnexion. La peur de rater une information, un événement social, ou une interaction valorisante provoque une **vigilance mentale constante**.
Lorsqu'on est forcé de se déconnecter, cette peur devient obsessionnelle :
- ❖ « Est-ce que quelqu'un m'a écrit ? »
- ❖ « Combien de "likes" ai-je reçus ? »
- ❖ « Que se passe-t-il dans mon absence ? »

Ce besoin de **contrôle permanent sur sa présence en ligne** devient pathologique. Il interfère avec la capacité à profiter de l'instant présent, à se concentrer sur une tâche, ou simplement à être pleinement disponible dans la vie réelle.

4. Le téléphone comme extension du corps

Ce lien excessif à la connexion est souvent matérialisé par le **rapport au téléphone portable**, véritable extension du corps dans les sociétés modernes. Beaucoup d'utilisateurs ressentent une **anxiété importante s'ils ne savent pas où est leur téléphone**, ou s'ils en sont privés quelques heures.

Ce phénomène est appelé **nomophobie** (de "no mobile phone phobia") et se manifeste par :
- ❖ une insécurité physique sans téléphone,
- ❖ des vérifications compulsives de l'écran (sans notification),

❖ une dépendance au contact physique de l'appareil (le garder dans la main, le toucher sans l'utiliser).

La déconnexion est alors vécue comme une **perte d'une partie de soi-même**, d'autant plus que le téléphone concentre aujourd'hui non seulement l'accès aux réseaux, mais aussi la musique, la photographie, la messagerie, les infos, etc.

5. Le silence numérique : insupportable pour un cerveau conditionné

L'un des effets les plus pernicieux de l'addiction numérique est **l'intolérance au silence et à l'ennui**. Le cerveau, habitué à être constamment stimulé, se sent désorienté face à l'absence de contenu. Cela peut entraîner une sensation de vide intérieur, d'angoisse existentielle, voire de tristesse.

Certaines personnes déclarent :
❖ ne plus supporter de moments de solitude,
❖ se sentir "inutiles" ou "invisibles" lorsqu'elles ne publient rien,
❖ avoir l'impression que leur vie perd de sa substance sans leur présence en ligne.

Le lien entre **déconnexion et mal-être émotionnel** devient alors un cercle vicieux : plus on reste connecté, plus le cerveau s'habitue à ces stimuli ; plus ils disparaissent, plus le manque est douloureux.

6. Le sevrage numérique : une étape difficile mais essentielle

Se libérer de cette anxiété nécessite souvent une **phase de sevrage**, plus ou moins longue selon le niveau d'addiction. Cette étape est comparable au **sevrage tabagique** ou à **l'arrêt de la caféine** : inconfortable, mais indispensable.

Les effets du sevrage peuvent inclure :
• hypersensibilité émotionnelle,
• agitation intérieure,
• frustration ou ennui extrême,

- Difficultés à dormir (rêves de réseaux, réveils nocturnes pour vérifier son téléphone),
- baisse temporaire de la motivation.

Mais avec le temps, **le cerveau réapprend à se stabiliser**, à produire du plaisir par d'autres canaux, à retrouver une capacité d'attention prolongée et une qualité de présence.

7. Accepter de « rater » : une clé de la liberté numérique

Un des leviers fondamentaux pour dépasser cette anxiété est de **reconsidérer le fait de « manquer quelque chose »**. Accepter qu'on ne peut pas tout suivre, tout savoir, tout commenter. Accepter que **le vrai lien ne se joue pas dans l'immédiateté**, mais dans la qualité de la présence.

Cela implique :
- ❖ de se détacher des attentes sociales numériques,
- ❖ de redonner de la valeur aux interactions réelles,
- ❖ d'apprendre à vivre **des moments sans technologie.**

Le silence, l'ennui, l'absence de stimulation sont des états naturels et nécessaires à la **créativité, au repos psychique et à la réflexion profonde.**

L'anxiété de la déconnexion est l'un des symptômes les plus alarmants de l'addiction aux réseaux sociaux. Elle reflète une **perte de liberté psychologique** et une **dépendance émotionnelle à la connexion constante.** Ce syndrome se manifeste par un malaise profond lorsqu'on est privé de son accès aux plateformes sociales, et peut nuire à la santé mentale, aux relations sociales, et au bien-être général.

Mais ce n'est pas une fatalité. Par un travail de **conscience, de désensibilisation progressive et de revalorisation du réel**, il est possible de retrouver une paix intérieure, loin des sollicitations incessantes du monde numérique.

Dans la prochaine section, nous explorerons la **boucle addictive**, ou comment l'usage compulsif devient un automatisme ancré dans le quotidien.

1.4 La boucle addictive : comment l'usage devient un réflexe incontrôlé

L'un des aspects les plus insidieux de l'addiction aux réseaux sociaux est sa capacité à **s'ancrer dans le quotidien** de manière quasi invisible. Au fil du temps, ce qui était à l'origine un choix conscient devient une **habitude automatique**, un **réflexe incontrôlé**. Cette transformation se fait progressivement, sans que l'individu ne s'en rende compte. Le phénomène à l'origine de ce glissement est ce qu'on appelle la **boucle addictive**.

Cette boucle repose sur des mécanismes cognitifs, émotionnels et comportementaux bien connus en psychologie du comportement. Elle explique pourquoi il est si difficile de « juste décrocher » ou de « faire une pause », même lorsqu'on est parfaitement conscient du caractère excessif de son usage numérique.

1. De l'usage intentionnel à l'usage automatique

Tout commence généralement par un **usage intentionnel** : consulter Instagram pour voir les actualités, ouvrir Facebook pour répondre à un message, visionner deux ou trois vidéos sur TikTok. Ce sont des actions délibérées, souvent anodines, qui s'insèrent dans des moments de pause ou de détente.

Mais très vite, la répétition de ces comportements, associée aux **récompenses numériques ("likes", vues, commentaires, surprises algorithmiques)**, entraîne une **habituation mentale**. Le cerveau assimile l'action à une forme de soulagement ou de plaisir, et **automatise le comportement**. On n'ouvre plus l'application parce qu'on en a besoin, mais **par réflexe**, sans même s'en rendre compte.

Exemples courants :
- sortir le téléphone dans l'ascenseur ou aux toilettes,
- le consulter dès le réveil ou juste avant de dormir,

- scroller en mangeant, en marchant, en attendant une personne.

Ces comportements n'ont parfois **aucun but précis**, mais sont devenus des **réflexes conditionnés**.

2. Le schéma de la boucle addictive : déclencheur – action – récompense

La boucle addictive suit une structure très claire, bien étudiée en psychologie comportementale :

Déclencheur : une émotion, un moment, une situation.
Exemple : ennui, stress, solitude, moment de pause, notification.

Action : le comportement automatique.
Exemple : ouvrir l'application, scroller, répondre à un message.

Récompense : un soulagement ou une stimulation positive.
Exemple : voir une story amusante, recevoir un like, se sentir moins seul.

Ce cycle, répété des dizaines de fois par jour, **renforce l'habitude**. Le cerveau apprend que, face à une émotion inconfortable (ennui, anxiété), il existe une **solution immédiate et gratifiante** : les réseaux sociaux.

3. Les déclencheurs internes et externes

Les déclencheurs de cette boucle peuvent être :

a. **Internes :**
- émotions désagréables : stress, frustration, tristesse, vide intérieur,
- fatigue mentale : besoin de se distraire,
- envie de reconnaissance ou d'évasion.
b. **Externes :**
- notifications sonores ou visuelles,
- voir quelqu'un utiliser son téléphone,
- une attente (file d'attente, arrêt de bus, réunion qui tarde),
- rituels sociaux (pause café avec téléphone, repas seul).

Le cerveau ne fait plus la distinction : tout devient **une invitation à se connecter**, même sans réelle intention initiale.

4. Une récompense faible mais fréquente

Contrairement aux drogues ou au jeu d'argent, les réseaux sociaux ne procurent pas une gratification intense... mais ils en fournissent **de petites, très régulières**. Et c'est précisément cette fréquence qui rend la boucle **plus difficile à briser**.

Chaque petit plaisir numérique (vidéo drôle, réaction à une story, nouveau follower) agit comme un **micro-stimulus** qui vient renforcer le comportement. C'est ce que l'on appelle le **renforcement intermittent** : parfois on est récompensé, parfois non. Et c'est cette incertitude qui rend l'habitude si puissante.

5. L'effet cumulatif des micro-habitudes

Une boucle addictive ne prend que quelques secondes à s'activer... mais lorsqu'elle est répétée **50 à 100 fois par jour**, elle façonne littéralement notre manière de penser, de ressentir, d'agir. En quelques semaines ou mois, le cerveau a **structuré des autoroutes neuronales** : dès qu'un déclencheur se présente, la réponse devient automatique.

C'est ainsi que les réseaux sociaux s'installent :
- **dans les gestes (prendre le téléphone sans s'en rendre compte),**
- **dans les moments de creux (remplir les silences, les pauses),**
- **dans les émotions (fuir le stress ou l'ennui).**

Cette omniprésence crée une **dépendance discrète mais constante**.

6. Le piège des « intentions sincères »

Beaucoup d'utilisateurs souhaitent réguler leur usage. Ils désinstallent une application, décident de faire une pause, se fixent des limites...

mais **échouent rapidement.** Pourquoi ? Parce que les **boucles comportementales sont plus fortes que les bonnes intentions.**
Le cerveau automatisé agit **avant même la réflexion consciente.** Il faut alors un travail spécifique pour :
- identifier les déclencheurs,
- modifier la réponse comportementale,
- mettre en place de nouvelles habitudes alternatives.

Sans cela, **la boucle se réactive naturellement**, même après une période de sevrage.

7. La normalisation sociale des comportements addictifs

L'un des obstacles majeurs à la rupture de la boucle addictive est qu'elle est **socialement normalisée.** Être collé à son téléphone, scroller pendant les repas, consulter les réseaux en réunion... sont des comportements banalisés, voire attendus. Cela rend la prise de conscience plus difficile :
- l'entourage ne voit pas le problème,
- la société valorise la connexion permanente,
- l'absence de réponse rapide est perçue comme une négligence ou un manque de respect.

Ce climat social empêche l'individu de reconnaître la nocivité de ses boucles comportementales, et **retarde la mise en place d'un changement durable.**

8. Sortir de la boucle : reprogrammer son cerveau

Pour sortir d'une boucle addictive, il faut :
- **identifier les déclencheurs principaux** (émotions, lieux, moments),
- **conscientiser le comportement automatique,**
- **remplacer l'action réflexe par une autre réponse** (respirer, lire, écrire, marcher),
- **réduire les récompenses numériques** (désactiver les notifications, supprimer certaines apps),
- **renforcer des circuits alternatifs** (plaisirs réels, relations humaines, activités manuelles).

Ce processus demande du temps, de la répétition, et parfois un accompagnement professionnel. Mais il est possible de **briser la boucle**, en **reprenant le contrôle de son attention et de son temps**.

La boucle addictive est le mécanisme central par lequel l'usage des réseaux sociaux devient **un réflexe incontrôlé**. En combinant des déclencheurs fréquents, des actions automatiques et des récompenses régulières, les plateformes enferment l'utilisateur dans un cycle dont il devient prisonnier.

Comprendre ce mécanisme permet de **reprendre conscience de ses comportements** et d'entamer une démarche de libération. Le chapitre suivant abordera **les facteurs aggravants de l'addiction**, notamment les profils les plus vulnérables, les conditions sociales et psychologiques qui facilitent l'enracinement de cette dépendance.

CHAPITRE 2 : Les facteurs aggravants – Pourquoi certains deviennent dépendants ?

2.1 Facteurs individuels : anxiété, dépression, estime de soi fragile

L'addiction aux réseaux sociaux ne touche pas tout le monde de la même manière. Certaines personnes peuvent les utiliser modérément, de manière équilibrée, sans développer de dépendance. D'autres, en revanche, tombent dans une spirale compulsive, où l'usage devient central, voire envahissant. Cette différence de vulnérabilité repose en grande partie sur des **facteurs individuels**, souvent liés à l'état psychologique, aux traits de personnalité, à l'histoire de vie ou au contexte émotionnel de la personne.

Dans cette section, nous allons explorer comment des états comme l'anxiété, la dépression ou une faible estime de soi peuvent **prédisposer à une addiction aux réseaux sociaux**, et parfois **en renforcer les effets destructeurs**.

1. L'anxiété : quand les réseaux deviennent un refuge

L'anxiété est l'un des facteurs les plus fréquents chez les personnes souffrant d'une addiction numérique. Il s'agit d'un **état de tension psychique**, souvent accompagné de préoccupations excessives, de ruminations, de pensées anticipatoires négatives.

Pour les personnes anxieuses, les réseaux sociaux peuvent jouer **un rôle de régulateur émotionnel**. Ils deviennent un **refuge face à l'inconfort psychique**, une distraction face à des pensées envahissantes.

Pourquoi les réseaux « soulagent » l'anxiété (temporairement) ?

- Ils offrent une **fuite mentale immédiate** : scroller permet d'échapper aux ruminations.
- Ils procurent une **illusion de contrôle** sur les interactions (à travers le choix de ce que l'on publie ou lit).
- Ils donnent accès à une **stimulation continue**, ce qui évite le silence intérieur anxiogène.
- Ils permettent une **recherche de validation** qui rassure temporairement.

Mais ce soulagement est **éphémère**. Très vite, l'usage compulsif aggrave l'état anxieux initial. La personne devient dépendante de la connexion pour apaiser son mal-être, ce qui renforce la boucle addictive.

2. La dépression : une spirale de retrait et de comparaison

Chez les personnes souffrant de dépression ou de symptômes dépressifs, les réseaux sociaux peuvent avoir un **effet paradoxal**. D'un côté, ils permettent de **rester connecté** au monde. De l'autre, ils peuvent accentuer le **sentiment d'isolement, d'échec ou d'infériorité.**

Les personnes dépressives utilisent souvent les réseaux pour :
- **observer** les autres sans interagir (usage passif),
- **chercher un sentiment d'appartenance,** sans réussir à l'atteindre,
- **remplacer les relations réelles**, devenues trop lourdes ou douloureuses,
- **comparer leur vie** à celle des autres, ce qui renforce leur mal-être.

Une étude publiée dans le *Journal of Social and Clinical Psychology* (2018) a montré un lien significatif entre **temps passé sur les réseaux sociaux** et **augmentation des symptômes dépressifs**, en particulier chez les jeunes adultes.

Le risque est donc double :
1. La personne dépressive s'isole dans un usage numérique passif.

2. Cette consommation accentue sa **vision négative d'elle-même**, en comparaison avec la vie « parfaite » mise en scène par les autres.

3. L'estime de soi fragile : une cible facile

L'estime de soi est la **valeur que l'on se donne** en tant qu'individu. Lorsqu'elle est faible, la personne doute de sa valeur, de ses compétences, de sa capacité à être aimée. Les réseaux sociaux viennent alors jouer un rôle ambigu : ils peuvent **gonfler artificiellement cette estime**, tout en la fragilisant davantage.

Pourquoi les personnes à faible estime de soi sont-elles vulnérables ?

- Elles ont besoin d'une **reconnaissance externe constante** ("likes", commentaires).
- Elles sont **plus affectées par le rejet numérique** (absence de réponse, désabonnement).
- Elles adaptent leur comportement en fonction des **attentes perçues,** et non de leurs propres envies.
- Elles vivent les **comparaisons sociales** de façon plus douloureuse.

Ce profil peut conduire à une **dépendance émotionnelle à l'approbation numérique.** Chaque publication devient un test implicite de valeur personnelle : « Si ça plaît, je vaux quelque chose. Si ça ne marche pas, je ne vaux rien. »

4. Les troubles de l'attachement et l'hypersensibilité au regard des autres

Les personnes ayant vécu des **blessures d'attachement dans l'enfance** (rejet, abandon, instabilité affective) développent souvent une **hypervigilance au regard d'autrui.** Elles ont besoin d'être aimées, vues, reconnues, parfois de manière obsessionnelle.

Les réseaux sociaux deviennent alors un **moyen de compenser ce vide affectif** :

- en exposant leur vie privée pour susciter l'attention,
- en surinvestissant des relations superficielles en ligne,
- en devenant dépendantes du feedback numérique.

Ces utilisateurs peuvent être très actifs en ligne, mais **se sentir très seuls en dehors des écrans**. Cette dissonance alimente une **addiction affective au digital**, et parfois une grande souffrance invisible.

5. Le perfectionnisme et la peur du jugement

Certains individus, perfectionnistes ou très soucieux de leur image, développent une **relation obsessionnelle à leur présence en ligne**. Chaque post, chaque story, chaque commentaire devient une source potentielle de stress. Ils passent énormément de temps à :
- retoucher leurs photos,
- analyser les réactions,
- supprimer et republier pour optimiser les retours.

Ce **contrôle excessif** est épuisant, et peut mener à une véritable **perte de spontanéité**. Ces personnes sont **prisonnières de leur propre image**, qu'elles cherchent à maîtriser pour éviter toute critique ou rejet.

6. La solitude comme facteur aggravant

La solitude — qu'elle soit choisie ou subie — est un **terrain fertile pour les comportements addictifs**. En l'absence de liens humains réels, les réseaux sociaux apparaissent comme une solution pour se sentir moins seul… mais cette **illusion de connexion** ne comble pas le vide affectif.

Au contraire :
- plus l'usage numérique augmente,
- plus les interactions réelles diminuent,
- plus la solitude grandit,
- plus l'usage numérique devient refuge.

C'est un **cercle vicieux** qu'il faut interrompre par une **reconnexion à la réalité sociale**.

7. Des profils à risque, mais pas une fatalité

Tous ces facteurs — anxiété, dépression, faible estime de soi, solitude — augmentent le risque d'addiction. Mais ils ne déterminent pas à eux seuls le devenir d'un individu. Il est important de rappeler que :

- **la conscience de sa vulnérabilité** est déjà un premier pas,
- il existe des **ressources pour renforcer l'estime de soi,**
- il est possible de **développer des stratégies émotionnelles plus saines,**
- l'accompagnement thérapeutique peut jouer un rôle clé.

La psychologie positive, les thérapies cognitivo-comportementales, la pleine conscience, le soutien social ou encore la pratique artistique peuvent aider à **réduire la dépendance numérique** en comblant autrement les besoins affectifs.

Les facteurs individuels jouent un rôle déterminant dans le développement de l'addiction aux réseaux sociaux. Les personnes anxieuses, dépressives, solitaires, hypersensibles ou à faible estime de soi y trouvent un soulagement temporaire... mais s'exposent à un risque de **dépendance émotionnelle.**

Comprendre ces vulnérabilités permet non seulement d'expliquer pourquoi certaines personnes sont plus à risque, mais aussi de **proposer des pistes de prévention et de soutien** adaptées. Dans la section suivante, nous aborderons les **facteurs sociaux et environnementaux** qui renforcent également cette dépendance.

2.2 Facteurs sociaux : pression de groupe, solitude, environnement numérique omniprésent

Si les facteurs individuels jouent un rôle important dans l'installation d'une addiction aux réseaux sociaux, les **facteurs sociaux et environnementaux** sont tout aussi déterminants. En effet, nous vivons dans une société hyperconnectée où **la présence numérique est devenue une norme sociale**, presque une obligation implicite. Cette réalité crée un contexte qui **favorise, renforce et normalise les comportements addictifs**, parfois dès le plus jeune âge.

Dans cette section, nous allons explorer comment la **pression de groupe**, la **solitude sociale** et l'**environnement numérique omniprésent** peuvent aggraver ou déclencher une dépendance aux réseaux sociaux.

1. La pression sociale et le besoin de conformité

La pression sociale est un levier puissant de comportement. Dans le monde réel comme dans le monde virtuel, les individus cherchent à **s'intégrer, à être acceptés**, à **ne pas se sentir exclus**. Sur les réseaux sociaux, cette pression se manifeste par une **obligation implicite d'être présent, réactif et visible**.

Cas courants :
- Publier régulièrement pour « rester dans la boucle ».
- Répondre rapidement aux messages pour ne pas « perdre des points sociaux ».
- Suivre certaines tendances, défis ou "hashtags" pour montrer qu'on fait partie du groupe.
- Avoir un certain nombre d'abonnés pour être considéré comme « populaire ».

Cette dynamique pousse à une **suroptimisation de l'image** et à une **surconnexion permanente**, car **ne pas être actif, c'est risquer l'oubli, voire l'exclusion**. Chez les adolescents, cette pression est encore plus forte, car l'acceptation par les pairs est un **enjeu identitaire central**.

2. La peur de l'exclusion : la norme de l'hyperprésence

Le **fait d'être en ligne est devenu une norme implicite** dans de nombreuses sphères sociales : amicale, professionnelle, familiale, éducative. Cela signifie que l'absence numérique est parfois interprétée comme :
- un désintérêt,
- un retrait volontaire,
- une déconnexion de la réalité du groupe.

Dans ce contexte, **être "hors ligne" devient un acte marginal**, voire incompris. Ce phénomène s'amplifie avec des systèmes comme :
- les "vues" sur les stories (qui indique qui regarde quoi),
- les accusés de lecture dans les messageries,
- les temps de réponse visibles,
- la mention « en ligne maintenant ».

Ces éléments renforcent la **pression de présence constante**, ce qui génère **une vigilance numérique permanente** et une incapacité à se déconnecter sans culpabilité.

3. La solitude sociale : l'illusion de la connexion

La solitude est un facteur social majeur dans l'addiction. De nombreuses personnes se tournent vers les réseaux pour **combler un vide relationnel**, pour **s'occuper**, ou pour **se sentir entourées**. Mais cette connexion est souvent **illusoire** : elle donne l'impression d'être en lien, sans offrir la profondeur ni la chaleur des vraies interactions humaines.

Ce paradoxe est bien connu :
- On est « entouré » en ligne, mais seul physiquement.
- On interagit avec des dizaines de profils, mais sans vraie relation.
- On se sent visible, mais pas nécessairement compris ni écouté.

Résultat : plus on est connecté, plus on se sent parfois isolé. Cette contradiction peut engendrer une forme de dépendance affective : on retourne constamment sur les réseaux pour **tenter de combler un manque que les réseaux eux-mêmes renforcent.**

4. La culture de la performance sociale

Les réseaux sociaux ont introduit une nouvelle forme de **performance sociale permanente**. Il ne suffit plus de vivre une expérience, il faut la **mettre en scène**, la **partager**, la **rendre attrayante**. Ce phénomène est visible à travers :
- les stories au quotidien,
- les photos retouchées ou mises en scène,

- les publications visant à inspirer, impressionner ou séduire.

Cette culture crée une **pression continue** : celle de paraître, de réussir, de plaire. Et même ceux qui ne participent pas à cette mise en scène ressentent l'effet de comparaison : ils voient les autres « réussir leur vie » à travers des filtres enjolivés.

Cela conduit à :
- une **insatisfaction chronique**,
- un **sentiment d'infériorité sociale**,
- un **stress identitaire**, notamment chez les jeunes.

5. L'omniprésence de l'environnement numérique

Aujourd'hui, il est **difficile d'échapper au numérique.** Smartphones, tablettes, ordinateurs, montres connectées, objets intelligents… L'environnement technologique est omniprésent, au travail, à la maison, dans les transports, dans les lieux publics.

Les réseaux sociaux sont :
- préinstallés sur la plupart des appareils,
- accessibles en un clic ou via notification,
- liés à d'autres services (Google, YouTube, e-mails, actualités),
- intégrés aux systèmes scolaires ou professionnels (groupes de travail, chats internes, etc.).

Cette omniprésence rend la **tentation constante**, et rend la **désactivation volontaire très difficile**. Il n'y a plus de frontière claire entre le « en ligne » et le « hors ligne » : tout est connecté, tout est lié.

6. Le rôle des dynamiques de groupe

Dans certaines communautés (groupes d'amis, sphères professionnelles, cercles militants, clubs, fandoms…), l'usage intensif des réseaux est **la norme du groupe**. En s'y conformant, on **gagne de la reconnaissance**, on **renforce le lien**. En s'en éloignant, on risque d'être mis à l'écart.

Ces dynamiques sont renforcées par :
- les groupes WhatsApp, Messenger, Discord,
- les partages de contenu en boucle,
- les défis viraux ou les événements sociaux en ligne,
- les discussions collectives qui ne se déroulent plus en face à face, mais en messagerie instantanée.

Ce climat pousse à **une forme de conformité numérique**, souvent inconsciente, mais très puissante.

7. L'absence d'alternatives sociales accessibles

Un autre facteur aggravant est l'**appauvrissement des alternatives sociales hors ligne** :
- les jeunes sortent moins qu'avant,
- les loisirs physiques sont parfois coûteux ou peu accessibles,
- les familles sont plus dispersées,
- les moments de silence sont mal tolérés.

Les réseaux deviennent alors le **principal espace de socialisation**, voire l'unique pour certaines personnes. Cette **monoculture de l'interaction numérique** favorise l'addiction car elle **supprime les contrepoids** que représentaient les loisirs manuels, les jeux extérieurs, les discussions réelles.

8. Une addiction renforcée par la normalisation sociale

Il faut souligner que les usages problématiques des réseaux sociaux sont souvent **invisibilisés**, voire **valorisés** :
- Être constamment connecté est perçu comme un signe de disponibilité.
- Avoir un grand nombre d'abonnés est associé à la réussite.
- Publier souvent est interprété comme de la sociabilité.

Cette **absence de regard critique collectif** empêche de reconnaître l'addiction. Le comportement compulsif est normalisé, et parfois même encouragé, ce qui renforce la boucle addictive.

L'addiction aux réseaux sociaux n'est pas qu'un phénomène individuel. Elle s'inscrit dans **un contexte social et technologique spécifique :** pression de groupe, solitude moderne, performance sociale, omniprésence numérique. Ces facteurs agissent comme des **amplificateurs du comportement addictif,** en rendant la déconnexion socialement coûteuse, émotionnellement inconfortable, et techniquement difficile.

Identifier ces influences permet de mieux comprendre **pourquoi il est si difficile de « décrocher »,** même avec de la volonté. Dans la section suivante, nous verrons à quel point **les adolescents et les jeunes adultes** représentent une population particulièrement vulnérable face à cette réalité.

2.3 Vulnérabilité des adolescents et des jeunes adultes

L'adolescence et le début de l'âge adulte sont des périodes charnières du développement humain. Ce sont des moments de **reconstruction identitaire,** de **recherche de reconnaissance,** de **transformation physiologique et psychique,** où les jeunes apprennent à se connaître, à s'exprimer et à se positionner dans le monde. C'est aussi, malheureusement, une période de grande vulnérabilité face aux **influences extérieures,** en particulier celles véhiculées par les réseaux sociaux.

Dans cette section, nous allons explorer pourquoi les adolescents et les jeunes adultes sont **particulièrement exposés** au risque d'addiction aux réseaux sociaux, et quels sont les **effets concrets** sur leur développement, leur santé mentale et leur construction identitaire.

1. Un cerveau en développement

L'une des raisons majeures pour lesquelles les jeunes sont plus sensibles à l'addiction numérique tient à la **neuroplasticité cérébrale.** Leur cerveau, et en particulier le **cortex préfrontal,** n'est pas encore arrivé à maturité.

- ❖ Ce cortex, qui gère notamment :
- ❖ le contrôle des impulsions,

❖ la planification,
❖ la prise de décision,
❖ l'évaluation des conséquences,

... continue de se développer jusqu'à l'âge de **25 ans environ**. Cela signifie que les adolescents ont **plus de mal à réguler leurs comportements**, à différer la gratification et à prendre du recul. Les réseaux sociaux, avec leurs récompenses immédiates, leur stimulation continue et leurs mécanismes addictifs, **exploitent cette immaturité neurologique.**

2. Une quête d'identité amplifiée par les réseaux

L'adolescence est marquée par une **recherche d'identité** : « Qui suis-je ? », « Quelle est ma place dans le monde ? », « Comment les autres me perçoivent-ils ? »

Les réseaux sociaux sont devenus des **outils privilégiés d'expression de soi**, mais aussi des **miroirs déformants** où l'image personnelle est constamment soumise au jugement des autres.

Les jeunes publient des photos, des vidéos, des opinions, dans l'espoir de recevoir :
- des "likes",
- des commentaires,
- une validation sociale.

Mais cette exposition peut fragiliser :
- **L'image de soi** : en cas de faible retour, ou de commentaires négatifs.
- **L'estime personnelle** : qui devient dépendante de facteurs externes.
- **L'identité en construction** : influencée par des modèles parfois superficiels ou inaccessibles.

Au lieu d'être un outil d'émancipation, les réseaux peuvent devenir un **lieu de mise en concurrence constante**, qui affecte la confiance en soi et l'authenticité.

3. Le besoin d'appartenance : une pression implicite

Les adolescents sont extrêmement sensibles au **regard de leurs pairs**. Ils ont besoin de se sentir intégrés, de faire partie d'un groupe, d'avoir des amis avec qui partager des intérêts et des expériences.

Les réseaux sociaux répondent à ce besoin… mais de manière souvent **artificielle et exigeante** :
1. Il faut être présent en ligne pour ne pas « rater » les échanges.
2. Il faut réagir aux publications du groupe pour rester « visible ».
3. Il faut suivre les codes du moment (musiques, filtres, hashtags, challenges).

Cette pression constante crée une **peur de l'exclusion numérique**, appelée aussi **FOMO (Fear Of Missing Out)**. Elle pousse les jeunes à une **connexion quasi permanente**, souvent au détriment du sommeil, de l'attention, des activités scolaires ou familiales.

4. Une exposition à des contenus toxiques

Les jeunes adultes sont fortement exposés à des contenus :
1. irréalistes (vies de rêve, corps parfaits, richesse ostentatoire),
2. dangereux (défis viraux, cyberharcèlement, fake news),
3. sexualisés ou violents.

Ces contenus peuvent avoir des effets délétères sur :
1. **l'image corporelle** : troubles alimentaires, obsession du corps, chirurgie précoce.
2. **la perception de la réalité** : désinformation, complotisme.
3. **le comportement social** : normalisation de la moquerie, de la mise en scène extrême.

Le cerveau adolescent, plus influençable, absorbe ces normes sans toujours avoir le recul critique nécessaire pour les remettre en question. Ce phénomène peut entraîner un **conformisme nocif**, voire une **désorientation psychologique**.

5. La détérioration du sommeil et de la concentration

Chez les jeunes, l'addiction aux réseaux sociaux a un **impact direct sur le sommeil**, souvent perturbé par :
- l'usage nocturne du téléphone,
- les notifications pendant la nuit,
- l'impossibilité de se « déconnecter mentalement »,
- la lumière bleue des écrans qui retarde l'endormissement.

Le manque de sommeil chronique affecte :
- les capacités d'apprentissage,
- la mémoire,
- l'attention,
- l'humeur.

Les réseaux sont aussi une **source majeure de distraction scolaire**. Scroller en cours, répondre à des messages pendant les devoirs, consulter les réseaux pendant une lecture… Tout cela **fragmentent la concentration**, ralentit la productivité et réduit la capacité à s'investir dans des activités non numériques.

6. Les risques de cyberharcèlement et d'exposition non désirée

Les adolescents sont également exposés à des formes de **violence numérique** qui amplifient leur fragilité psychologique :
- moqueries sur les photos ou les vidéos,
- diffusions de contenus personnels sans autorisation,
- menaces ou insultes en messages privés,
- exclusion numérique de groupes sociaux.

Le cyberharcèlement a des **conséquences graves** : anxiété, dépression, repli sur soi, voire conduites suicidaires. Or, beaucoup de jeunes **n'osent pas en parler,** par peur du jugement ou parce qu'ils considèrent cela comme « normal ».

7. Une autonomie encore en construction

Les jeunes n'ont pas toujours les **ressources personnelles ou éducatives** pour réguler leur usage. Ils peuvent :
- ignorer les effets des algorithmes,
- sous-estimer leur temps d'écran,

- manquer d'exemples de comportements équilibrés (y compris chez les adultes).

Ils ont besoin d'un **encadrement bienveillant**, non pas autoritaire, mais basé sur :
- le dialogue,
- l'éducation aux médias,
- la mise en place de limites progressives,
- le développement d'alternatives enrichissantes (sport, art, bénévolat…).

8. Des effets à long terme à ne pas négliger

L'addiction aux réseaux sociaux, lorsqu'elle s'installe à l'adolescence, peut laisser des **traces durables** :
- difficulté à entretenir des relations réelles de qualité,
- dépendance émotionnelle à la validation extérieure,
- fragilité face au stress ou à l'ennui,
- altération de la capacité à mener des projets à long terme.

Il est donc essentiel d'**agir tôt**, en sensibilisant les jeunes, en formant les parents et les éducateurs, et en encourageant une **hygiène numérique durable**.

Les adolescents et les jeunes adultes représentent une **population particulièrement vulnérable** à l'addiction aux réseaux sociaux. Leur cerveau en construction, leur quête identitaire, leur besoin de reconnaissance et leur exposition à des contenus problématiques en font des cibles faciles pour des plateformes conçues pour capter l'attention.

Comprendre ces vulnérabilités permet de mettre en place **des stratégies de prévention efficaces**, adaptées à leur réalité. La prochaine section abordera les **profils à risque spécifiques**, tels que les influenceurs, les créateurs de contenu, les "gamers" et les professionnels du digital.

2.4 Profils à risque : influenceurs, travailleurs du digital, "gamers", etc.

Bien que l'addiction aux réseaux sociaux puisse toucher tout le monde, certaines **catégories d'utilisateurs sont davantage exposées**, du fait de leur **activité professionnelle, de leurs habitudes numériques**, ou du **contexte dans lequel ils évoluent**. Dans ce point, nous allons analyser plusieurs profils particulièrement à risque : les **influenceurs**, les **travailleurs du digital**, les **"gamers"**, mais aussi d'autres **usagers intensifs** pour qui le virtuel n'est plus une option, mais une condition de réussite, d'expression ou même de survie sociale.

1. Les influenceurs : l'addiction à la performance et à la visibilité

Les influenceurs représentent l'un des profils les plus concernés par l'usage excessif des réseaux sociaux. Pour eux, ces plateformes ne sont pas seulement un espace de loisir, mais un **outil de travail**, une **vitrine professionnelle**, et souvent **leur unique source de revenus**.

Ce qui les rend particulièrement vulnérables :
1. **Pression constante de publication** : une journée sans contenu peut entraîner une perte d'abonnés.
2. **Surveillance des statistiques** (vues, "likes", portée, engagement).
3. **Besoin de rester "tendance"** : suivre les codes, les sons, les formats qui marchent.
4. **Dépendance au regard des autres** : le retour des abonnés influence directement l'image de soi.
5. **Peu ou pas de séparation entre vie privée et vie professionnelle.**

Résultat : les influenceurs développent fréquemment une **relation obsessionnelle à leurs plateformes**, où la moindre baisse de performance peut provoquer :
1. du stress,
2. de la remise en question personnelle,
3. une angoisse de la perte de visibilité,
4. un épuisement émotionnel, voire un **burn-out numérique**.

Certains témoignent de **symptômes d'addiction sévère** : impossibilité de se déconnecter, déficit de sommeil, anxiété intense lors des coupures réseau.

2. Les créateurs de contenu (YouTube, TikTok, Instagram, Twitch)

Au-delà des influenceurs « classiques », les **créateurs de contenu vidéo ou en direct** sont aussi très exposés. Leur quotidien repose sur :

- le **montage et la publication fréquente** de vidéos,
- la **gestion de communautés numériques** (commentaires, modération, interactions),
- la **recherche de performance algorithmiques**,
- la **veille concurrentielle** (ce que font les autres créateurs).

Ils travaillent souvent **seuls**, dans une relation directe à une audience virtuelle, sans filet émotionnel. Leur succès est lié :
- à leur **régularité de publication**,
- à leur **capacité à capter l'attention**,
- à leur **authenticité scénarisée**.

Ce paradoxe (être authentique tout en étant stratégiquement visible) est **usant** et crée une **hyperconnexion pathologique**. Beaucoup rapportent des difficultés à :
- poser des limites horaires,
- préserver leur vie privée,
- se reconnecter au réel.

3. Les travailleurs du digital : connectés par nécessité

De nombreux métiers imposent aujourd'hui une **présence active sur les réseaux sociaux** :
- community managers,
- webmarketeurs,
- responsables communication,
- journalistes en ligne,
- entrepreneurs digitaux.

Pour ces professionnels, les réseaux sont à la fois **outil de travail, source d'information, canal de diffusion** et **plateforme de relation client.**

Ils passent parfois **10 à 12 heures par jour en ligne**, sans réelle coupure :
- alternant entre tâches professionnelles et usages personnels,
- basculant sans cesse entre plusieurs comptes ou plateformes,
- soumis à des **urgences numériques permanentes** (répondre, réagir, poster).

Le problème est que la **frontière entre vie pro et vie perso disparaît**, ce qui peut conduire à une **surcharge mentale** et à une **hypervigilance constante**, symptômes typiques de l'addiction.

4. Les "gamers" et streamers : entre jeu, communauté et addiction

Bien que le jeu vidéo en lui-même ne soit pas un réseau social, de nombreuses plateformes l'intègrent dans une logique **communautaire et interactive** : Discord, Twitch, YouTube Gaming, Reddit, etc.

Les joueurs intensifs ou professionnels passent **des heures en ligne**, souvent en interaction avec d'autres :
- pour commenter des parties,
- pour animer des lives,
- pour entretenir leur communauté.

Le risque ici est triple :
- **Addiction au jeu lui-même** (trouble désormais reconnu par l'OMS),
- **Addiction à la reconnaissance sociale** issue de la performance,
- **Addiction à la communauté** (peur de ne plus exister sans visibilité).

Le joueur devient alors **dépendant de son image dans le monde virtuel,** parfois au détriment de sa santé physique, de ses relations réelles et de ses obligations personnelles.

5. Les étudiants en formation à distance ou à forte composante numérique

Depuis la généralisation des outils numériques dans l'enseignement supérieur, les étudiants sont de plus en plus **connectés pour apprendre,** mais aussi pour échanger avec leurs pairs, suivre l'actualité, ou s'organiser.

Mais ce mode d'apprentissage peut conduire à :
- une **perte de repères temporels** (pas d'horaires fixes),
- une **solitude accentuée** par l'absence d'interaction physique,
- une **dérive vers des usages parallèles** (réseaux sociaux, vidéos, jeux) pendant les temps d'étude.

Ces étudiants développent parfois une forme de **fuite numérique,** où les réseaux deviennent **le seul lien social stable,** compensant l'isolement et la pression académique.

6. Les micro-entrepreneurs, freelances et travailleurs précaires

Les indépendants, en particulier dans les domaines créatifs ou numériques (design, coaching, écriture, illustration…), doivent souvent **gérer leur image et leur visibilité** en ligne. Pour eux, les réseaux sociaux ne sont pas un luxe, mais **un canal de prospection et de survie économique.**

Cela les pousse à :
- publier régulièrement,
- répondre à tous les commentaires,
- analyser leurs performances,
- rester au courant des tendances.

Cette **pression à l'auto-marketing** devient vite chronophage, voire envahissante. La frontière entre l'identité personnelle et l'image professionnelle devient floue, et la déconnexion est difficile sans culpabilité ou peur de perdre des opportunités.

7. Les personnes en situation d'isolement social ou géographique

Certaines personnes utilisent intensément les réseaux sociaux parce qu'elles vivent :
1. dans des zones rurales ou peu connectées socialement,
2. à l'étranger, loin de leur cercle proche,
3. dans des contextes de handicap ou de limitation physique.

Les réseaux deviennent alors **leur principal lien avec le monde.** Cette connexion peut être précieuse, mais elle comporte aussi un risque de **substitution complète de la vie sociale réelle**, avec un repli progressif dans un univers virtuel rassurant mais limitant.

Les profils à risque face à l'addiction aux réseaux sociaux partagent souvent des caractéristiques communes :
- une **connexion prolongée et fréquente,**
- une **relation identitaire ou professionnelle aux plateformes,**
- une **pression de visibilité ou de performance,**
- une **faible séparation entre sphère privée et publique.**

Qu'il s'agisse d'influenceurs, de créateurs, de professionnels du digital ou d'usagers en situation de vulnérabilité sociale, ces personnes ont besoin d'un **accompagnement spécifique**, qui prenne en compte les **réalités de leur activité et de leur environnement.**

Le chapitre suivant du livre abordera les **conséquences concrètes de l'addiction aux réseaux sociaux**, tant sur le plan mental que physique et social.

CHAPITRE 3 : Les conséquences de l'addiction aux réseaux sociaux

3.1 Impact sur la santé mentale : stress, isolement, troubles de l'attention

L'addiction aux réseaux sociaux n'est pas une simple mauvaise habitude ou un comportement passager. Lorsqu'elle s'installe durablement, elle entraîne des **conséquences profondes** sur la santé mentale. Stress chronique, troubles anxieux, dépression, perte de concentration, fatigue émotionnelle... Autant de symptômes qui peuvent affecter le bien-être global de l'individu, sa qualité de vie, ses relations et sa capacité à fonctionner normalement dans la société.

Dans cette section, nous allons analyser en détail **comment l'usage excessif et compulsif des réseaux sociaux affecte le psychisme**, et pourquoi ces effets sont souvent **sous-estimés** voire **banalisés**.

1. Le stress numérique : un état d'alerte permanent

Le stress est une réaction naturelle du corps face à une menace perçue. Il devient problématique lorsqu'il devient **chronique**, c'est-à-dire lorsqu'il s'installe durablement et que l'organisme reste **en état d'alerte** en permanence.

Les réseaux sociaux favorisent ce stress chronique de plusieurs manières :

a. La surcharge informationnelle

Être constamment exposé à :
- ✓ des actualités anxiogènes,
- ✓ des opinions contradictoires,

✓ des vidéos virales,

✓ des drames personnels ou collectifs…

… crée une **saturation cognitive**. Le cerveau, submergé, ne parvient plus à hiérarchiser, à filtrer ou à se reposer. Cela provoque un **stress diffus** souvent inconscient, mais présent tout au long de la journée.

b. La peur de manquer quelque chose (FOMO)

Le FOMO alimente un stress lié à l'**exclusion sociale perçue** : « Et si je ratais une info ? Un message ? Une tendance ? ». Cette angoisse pousse à consulter les réseaux **de manière répétitive**, parfois toutes les 5 à 10 minutes, créant une **forme d'hypervigilance numérique**.

c. L'instabilité émotionnelle

Passer d'un contenu amusant à une vidéo choquante, d'un message encourageant à un commentaire haineux, fait subir au cerveau une série de **montagnes russes émotionnelles**, usantes à long terme.

2. Le repli social : une solitude paradoxale

L'un des paradoxes des réseaux sociaux, c'est qu'ils donnent l'illusion d'être entouré, alors qu'ils peuvent **accentuer le sentiment d'isolement**.

a. Moins d'interactions réelles

Plus une personne est connectée virtuellement, moins elle est disponible pour :

✓ des conversations en face à face,

✓ des moments de silence partagé,

✓ des activités collectives hors ligne.

Peu à peu, les liens réels s'effilochent, remplacés par **des échanges superficiels et souvent éphémères**.

b. Solitude masquée

Même entouré de centaines ou de milliers d'« amis » ou d'abonnés, l'individu peut se sentir **invisible, incompris ou seul**. Il manque **la profondeur, la chaleur, l'authenticité** que seul le contact humain peut offrir.

c. Retrait progressif du monde reel

Chez certains usagers intensifs, on observe un phénomène de **désengagement social progressif** :
- ✓ éviter les appels téléphoniques,
- ✓ préférer écrire que parler,
- ✓ décliner les invitations « réelles ».

Ce repli peut conduire à un **isolement pathologique**, parfois lié à un état dépressif sous-jacent.

3. L'anxiété et les troubles de l'humeur

L'addiction aux réseaux sociaux est associée à une **augmentation significative des troubles anxieux et de la dépression**, en particulier chez les adolescents et les jeunes adultes.

a. Anxiété de performance

La pression constante pour :
- ✓ publier du contenu attractif,
- ✓ obtenir des "likes" ou des vues,
- ✓ recevoir des commentaires positifs…

… génère une **anxiété sociale renforcée**, liée au regard des autres.

b. Anxiété de la déconnexion

Comme évoqué précédemment, la simple idée d'être coupé des réseaux peut provoquer :
- ✓ réactivité excessive,
- ✓ nervosité,
- ✓ sensation de vide,
- ✓ perturbations du sommeil.

Cette anxiété est un des **signes clairs d'une dépendance émotionnelle.**

c. Troubles de l'humeur

Les fluctuations émotionnelles induites par l'usage intensif des réseaux (exposition à des contenus extrêmes, comparaisons sociales, cyberharcèlement…) peuvent engendrer :
- ✓ tristesse récurrente,
- ✓ impulsivité chronique,
- ✓ sentiment d'inutilité ou de vide.

4. Les troubles de l'attention et de la concentration

Les réseaux sociaux sont conçus pour **capturer l'attention**, mais ils l'usent et la morcellent. À force de passer d'un contenu à un autre, **le cerveau s'habitue à la distraction permanente.**

a. Fragmentation de l'attention

Les utilisateurs développent une difficulté à :
- ✓ lire un texte long,
- ✓ écouter un discours sans décrocher,
- ✓ rester concentrés sur une tâche monotone.

Ils sont **conditionnés à la nouveauté permanente**, et deviennent **intolérants à l'ennui** ou à la lenteur.

b. Baisse des performances cognitives

Des études ont montré que l'usage excessif des réseaux sociaux est associé à :
- ✓ une baisse de la mémoire de travail,
- ✓ un ralentissement du traitement de l'information,
- ✓ une moindre capacité de planification.

Cela peut affecter la performance scolaire, professionnelle ou personnelle.

5. Le sentiment de vide et la perte de sens

À long terme, certains usagers expriment une forme de **vide intérieur**. Malgré l'hyperactivité numérique, ils ressentent une **absence de sens**, comme si leur vie était **remplie mais pas nourrie**.

Ce phénomène peut se traduire par :
- ✓ une perte de motivation pour les projets personnels,
- ✓ une difficulté à s'enthousiasmer,
- ✓ un désintérêt progressif pour les activités non numériques.

Cela correspond à une **fatigue psychique profonde**, semblable à celle qu'on observe dans les états de **burn-out**.

6. Risques accrus chez les personnes vulnérables

Les effets cités sont exacerbés **chez certaines populations :**
1. **Adolescents** : en pleine construction identitaire.
2. **Personnes avec troubles anxieux ou dépressifs** : amplification des symptômes.
3. **Personnes isolées** : utilisation des réseaux comme substitut de lien social.
4. **Professionnels du numérique** : surexposition constante.

Chez ces profils, l'usage des réseaux peut devenir **un facteur aggravant de pathologies existantes**, ou un **déclencheur** de nouveaux troubles.

7. Une addiction qui se voit peu, mais pèse lourd

Contrairement à d'autres formes de dépendance (alcool, drogue, jeu), l'addiction aux réseaux sociaux est **socialement acceptée**, voire valorisée. Cela rend sa détection plus difficile. Ses conséquences mentales sont bien réelles, et parfois sévères.

Il est donc crucial de :
- ✓ reconnaître les symptômes,
- ✓ développer une hygiène mentale numérique,

✓ **favoriser un accompagnement psychologique adapté.**

L'addiction aux réseaux sociaux a des **répercussions majeures sur la santé mentale.** Elle favorise le stress chronique, l'anxiété, la dépression, l'isolement et les troubles de l'attention. Elle affaiblit la capacité à vivre pleinement le moment présent, à se concentrer, à se connecter profondément aux autres.

En prenant conscience de ces effets, chacun peut entamer un processus de **réappropriation de son attention, de son temps et de son bien-être mental.**

Dans la section suivante, nous explorerons les **conséquences physiques** de l'addiction : Problèmes de sommeil, fatigue, sédentarité, douleurs corporelles...

3.2 Conséquences physiques : Sommeil irrégulier, sédentarité, fatigue visuelle

L'addiction aux réseaux sociaux, bien qu'elle soit généralement analysée sous l'angle psychologique ou social, a également des **répercussions importantes sur le corps.** En passant plusieurs heures par jour devant des écrans, souvent dans des postures peu naturelles, en réduisant les mouvements physiques et en perturbant les cycles biologiques, les utilisateurs développent progressivement une série de **troubles physiques** qui compromettent leur santé globale.

Cette section se concentre sur les principales conséquences physiques observées : les sommeils agités, la **sédentarité**, la **fatigue visuelle**, mais aussi les **douleurs musculo-squelettiques**, la **fatigue chronique** et l'affaiblissement du métabolisme.

1. Les troubles du sommeil : une épidémie silencieuse

Parmi les conséquences les plus fréquentes d'un usage excessif des réseaux sociaux figure la **perturbation du sommeil.** De nombreux utilisateurs consultent leur téléphone juste avant de s'endormir, voire pendant la nuit, ce qui dérègle profondément le **rythme circadien.**

a. L'exposition à la lumière bleue

Les écrans de téléphone, d'ordinateur et de tablette émettent une **lumière bleue** qui perturbe la production naturelle de **mélatonine**, l'hormone responsable de l'endormissement. **Conséquence:**

- Difficulté à s'endormir,
- Réveils nocturnes fréquents,
- Sommeil moins profond,
- Fatigue au réveil, malgré un nombre d'heures suffisant.

b. L'hyperactivité mentale

Les réseaux sociaux sollicitent le cerveau en continu :
- Flux d'informations,
- Stimuli émotionnels variés,
- Interactions sociales en direct.

Cet état de **suractivation cognitive** empêche le corps de se préparer naturellement au repos, prolongeant la période d'éveil et **diminuant la qualité du sommeil.**

c. Réveil nocturne pour consulter les réseaux

Beaucoup d'utilisateurs développent un réflexe de consultation même la nuit :
- Pour répondre à des messages,
- Vérifier les notifications,
- Se distraire momentanément.

Ce comportement induit des **micro-réveils** nuisibles, source de fatigue chronique et de baisse de vigilance diurne.

2. La sédentarité accrue : un corps privé de mouvement

L'usage intensif des réseaux sociaux entraîne une **réduction significative des activités physiques**. Les temps morts qui étaient autrefois consacrés à la marche, à la lecture ou au repos sont désormais occupés par des heures passées assis à scroller.

Conséquences de cette sédentarité :
- **Affaiblissement musculaire,**
- **Rigidité articulaire,**
- **Prise de poids** (liée au grignotage passif et à l'inactivité),
- **Risque accru de maladies cardiovasculaires,**
- **Perturbation du métabolisme** (notamment du glucose et des lipides).

Selon l'OMS, **la sédentarité est aujourd'hui le quatrième facteur de risque de mortalité dans le monde**, et l'addiction numérique y contribue largement.

3. La fatigue oculaire numérique

Passer de longues heures à fixer un écran sollicite intensément les yeux. Ce phénomène, connu sous le nom de **syndrome de fatigue visuelle numérique**, affecte une majorité d'usagers intensifs, quel que soit leur âge.

Symptômes typiques :
- Sécheresse oculaire,
- Picotements ou démangeaisons,
- Vision floue ou double,
- Sensation de brûlure ou de pression derrière les yeux,
- Céphalées (maux de tête) en fin de journée.

Ces troubles résultent :
- d'un **manque de clignement des yeux** (réduit devant les écrans),
- de la **luminosité excessive,**
- de la **distance inadéquate entre l'écran et les yeux.**

À long terme, cela peut provoquer une baisse de la performance visuelle et nécessiter des corrections optiques précoces.

4. Les troubles musculo-squelettiques : douleurs et inconforts

Les utilisateurs intensifs de réseaux sociaux adoptent souvent des **postures statiques et contraignantes** : tête penchée, épaules arrondies, dos voûté, poignets en tension. Ces positions prolongées sont à l'origine de nombreuses douleurs chroniques.

Localisations fréquentes :
- **Cervicales** (torticolis, tensions dans la nuque),
- **Épaules et omoplates** (contractures, douleurs persistantes),
- **Bas du dos** (lombalgies liées à l'inactivité),
- **Poignets et pouces** (syndrome du canal carpien, tendinites liées à la saisie rapide et répétitive).

Le corps n'est pas fait pour rester immobile, et encore moins dans des positions contraignantes pendant des heures. Sans intervention (pauses, étirements, ergonomie), ces douleurs peuvent évoluer vers des **pathologies chroniques invalidantes**.

5. La fatigue chronique : un organisme sous tension

L'accumulation de fatigue mentale, de mauvaise qualité de sommeil, de manque d'exercice physique et de mauvaise posture conduit à une **fatigue généralisée du corps**.

Manifestations courantes :
- Sensation de lourdeur constante,
- Baisse de motivation,
- Difficulté à se lever le matin,
- Manque d'énergie pour des tâches simples,
- Baisse de la résistance immunitaire.

Cette fatigue, souvent négligée, peut évoluer en **épuisement**, avec des symptômes proches du **burn-out**, même chez les non-actifs.

6. Dérèglement des cycles biologiques

L'addiction numérique perturbe également les **fonctions naturelles du corps**, souvent en lien avec le dérèglement des rythmes :

1. Alimentation irrégulière (ou grignotage excessif pendant les sessions d'écran),
2. Hydratation insuffisante (oubli de boire),
3. Retard de la digestion (liée à l'inactivité postprandiale),
4. Troubles hormonaux liés au manque de sommeil (cortisol, insuline, leptine...).

Ces déséquilibres physiologiques, s'ils sont répétés quotidiennement, peuvent favoriser le développement de **troubles métaboliques** (diabète, obésité, hypertension…).

7. Impact sur la posture et la respiration

L'immobilité prolongée, la concentration excessive sur un écran et le stress chronique modifient également :

1. **la posture globale** (dos arrondi, cou en avant),
2. **la respiration** (qui devient plus courte, thoracique, saccadée).

Une mauvaise respiration peut aggraver :

1. la fatigue mentale,
2. les troubles de l'attention,
3. la sensation de stress.

Une **posture fermée** et avachie influence négativement l'état émotionnel : elle favorise la **déprime**, l'isolement, et limite la circulation de l'énergie dans le corps.

Les conséquences physiques de l'addiction aux réseaux sociaux sont nombreuses, souvent ignorées ou banalisées. Elles affectent le **sommeil**, la **vue**, la **mobilité**, la **forme physique**, la **vitalité** et **le fonctionnement général de l'organisme**.

La clé pour une bonne santé réside dans :

- prendre conscience de ces effets,
- instaurer des pauses régulières,
- favoriser une bonne ergonomie,
- retrouver des activités physiques régulières,

- restaurer un cycle sommeil-éveil cohérent.

Dans la section suivante, nous aborderons un autre effet délétère de cette addiction : **la détérioration des relations sociales et la perte de la qualité de vie relationnelle.**

3.3 Dégradation des relations interpersonnelles et perte de la qualité de vie

Les réseaux sociaux ont été conçus pour connecter les individus entre eux, faciliter la communication et rapprocher les communautés. Leur usage excessif et compulsif produit souvent **l'effet inverse : isolement relationnel, appauvrissement de la communication, conflits interpersonnels**, et dans certains cas, **ruptures émotionnelles durables.**

Dans cette section, nous explorerons les mécanismes par lesquels l'addiction aux réseaux sociaux **altère la qualité des relations humaines**, aussi bien dans la sphère intime que sociale et professionnelle. Nous verrons également comment ce phénomène affecte **le sentiment de satisfaction personnelle** et **la qualité de vie globale.**

1. Le paradoxe de la connexion

Le principal paradoxe des réseaux sociaux est le suivant : **on n'a jamais été aussi connectés, et pourtant, on n'a jamais été aussi seuls.** Cette hyperconnexion crée une **illusion de proximité**, mais cache souvent un **appauvrissement de la qualité relationnelle.**

a. Quantité ≠ qualité

- ✓ Des centaines d'amis sur Facebook, des milliers d'abonnés sur Instagram, mais peu de relations authentiques.
- ✓ Des conversations continues, mais superficielles, fragmentées, sans écoute profonde.
- ✓ Une surreprésentation des échanges écrits ou symboliques ("likes", emojis), au détriment du langage corporel, du ton de voix, du regard.

b. Relation instantanée vs relation construite

Les plateformes favorisent des interactions **rapides, impulsives et éphémères**, souvent déconnectées du réel. Ce mode relationnel rend difficile :
- ✓ l'approfondissement des liens,
- ✓ la résolution des malentendus,
- ✓ l'expression des émotions complexes.

2. Appauvrissement de la communication au sein des couples et des familles

Les réseaux sociaux s'invitent **dans l'intimité**, modifiant la dynamique des relations amoureuses et familiales.

a. Moins de temps ensemble

- ✓ Chacun sur son téléphone, même à table ou au lit.
- ✓ Moins de discussions réelles, plus de silences partagés par écrans interposés.
- ✓ Priorité donnée aux interactions numériques plutôt qu'à la relation présente.

b. Comparaison constante avec d'autres couples ou familles

- ✓ Idéalisation des relations vues en ligne.
- ✓ Frustration ou insatisfaction vis-à-vis de son propre couple.
- ✓ Dévalorisation ou sentiment d'échec.

c. Intrusion et conflits

- ✓ Surveillance des "likes" ou commentaires d'un partenaire.
- ✓ Jalousie, suspicion, mésentente sur les limites du partage.
- ✓ Disputes liées au temps passé en ligne ou à l'attention détournée.

Selon une étude menée par l'Université de Boston (2019), **près d'un couple sur trois cite les réseaux sociaux comme source de tension ou de conflit.**

3. La dépendance sociale numérique

L'usage intensif des réseaux peut conduire à une **dépendance affective aux interactions numériques** :
- ✓ besoin de recevoir des réponses rapidement,
- ✓ anxiété en cas de non-réponse ou de silence,
- ✓ humeur influencée par les réactions aux publications.

Cette dépendance est problématique car elle :
- ✓ **fragilise l'autonomie émotionnelle,**
- ✓ **crée une attente permanente** vis-à-vis des autres,
- ✓ **dévalorise les relations hors ligne**, jugées plus lentes, plus « ennuyeuses » ou moins valorisantes.

4. L'évitement des interactions réelles

À force de se réfugier dans les relations virtuelles, certaines personnes développent une **phobie ou un malaise dans les interactions réelles** :
- ✓ peur de ne pas savoir quoi dire,
- ✓ inconfort face au regard direct ou au silence,
- ✓ préférence pour la communication écrite, plus contrôlable.

Ce phénomène, observé notamment chez les adolescents, peut conduire à :
- ❖ un **repli social progressif,**
- ❖ une **diminution des compétences sociales,**
- ❖ une **incapacité à créer des relations profondes et durables.**

5. Cyberdépendance et négligence des proches

L'addiction aux réseaux sociaux peut aussi entraîner une **forme de négligence émotionnelle**, particulièrement visible dans les contextes suivants :
- ❖ un parent absorbé par son téléphone ignore son enfant,

❖ un(e) partenaire délaissé(e) au profit d'Instagram ou TikTok,
❖ un ami constamment distrait pendant les moments partagés.

Cette **disponibilité réduite à l'autre** crée un **sentiment de rejet ou d'invisibilité**, destructeur pour la relation.

6. Superficialité des liens et survol des relations

À mesure que les interactions numériques remplacent les rencontres physiques, les relations deviennent souvent :
✓ **moins engageantes émotionnellement,**
✓ **moins fidèles à la réalité** (chacun choisit ce qu'il montre),
✓ **plus conditionnées à la performance sociale** (esthétique, succès, influence).

Les amitiés se forment et se défont plus vite. La culture du « like » remplace l'écoute. Les conflits sont parfois réglés — ou déclenchés — en ligne, sans confrontation directe.

Cela génère un climat relationnel **plus instable, plus stressant,** et **moins sécurisant émotionnellement.**

7. Isolement paradoxal et sentiment de vide

Plus on passe de temps sur les réseaux sociaux, plus le **risque de solitude émotionnelle augmente** :
✓ moins de contacts physiques,
✓ moins de moments de partage réels,
✓ plus de comparaison, plus de frustration, plus de vide intérieur.

Ce sentiment est souvent renforcé par le contraste entre :
✓ **l'image projetée en ligne** (vie animée, fun, connectée),
✓ et **la réalité vécue** (solitude, fatigue, manque d'écoute).

Ce décalage alimente une forme de **désenchantement social**, avec perte de confiance en la valeur des relations humaines.

8. Perte de la qualité de vie globale

ADDICTION AUX RÉSEAUX SOCIAUX

✓ En altérant les relations humaines, l'addiction aux réseaux sociaux détériore aussi la **qualité de vie globale** :
✓ Moins de présence à soi et aux autres,
✓ Moins de temps pour les activités enrichissantes,
✓ Moins de sérénité intérieure.

Des études ont montré que les individus qui réduisent leur usage des réseaux pendant plusieurs semaines :
✓ dorment mieux,
✓ sont plus disponibles émotionnellement,
✓ se sentent plus connectés à leur entourage réel.

La qualité de vie ne se mesure pas à l'intensité de la connexion, mais à la **profondeur des liens vécus**.

L'addiction aux réseaux sociaux affecte profondément la **qualité des relations interpersonnelles**. En privilégiant les échanges rapides, fragmentés et virtuels, elle réduit le temps, l'attention et la disponibilité que nous accordons aux personnes qui nous entourent.

Elle génère :
❖ du malentendu,
❖ de l'évitement relationnel,
❖ de l'isolement affectif,
❖ et une perte de sens dans les interactions humaines.

Pour préserver notre bien-être relationnel, il devient essentiel de :
✓ rétablir un **équilibre entre numérique et présence réelle**,
✓ réapprendre à écouter, à partager, à dialoguer sans filtre,
✓ valoriser la **qualité du lien** plus que la quantité des échanges.

Dans la prochaine section, nous verrons comment cette addiction peut également affecter **la productivité personnelle et professionnelle**, en réduisant la concentration, la motivation et la capacité à atteindre ses objectifs.

3.4 Productivité en baisse, quotidien désorganisé

L'addiction aux réseaux sociaux ne se limite pas à ses effets sur la santé mentale, physique ou relationnelle. Elle a également un **impact direct sur la capacité à organiser ses journées, à atteindre des objectifs personnels ou professionnels,** et à maintenir une discipline de vie cohérente. La productivité, qu'elle soit scolaire, professionnelle ou domestique, est souvent gravement affectée par un usage excessif et désorganisé des réseaux sociaux.

Dans cette section, nous analyserons les **mécanismes cognitifs et comportementaux** par lesquels les réseaux sociaux provoquent une perte d'efficacité, de motivation, de gestion du temps et de satisfaction personnelle dans l'action.

1. Fragmentation de l'attention : l'incapacité à rester concentré

La productivité repose sur la capacité à maintenir son attention sur une tâche pendant un certain temps. Or, les réseaux sociaux fragmentent profondément cette capacité. Chaque notification, message, vibration ou clignotement d'écran agit comme un **interrupteur cognitif,** détournant l'esprit de son objectif initial.

Conséquences :
- ❖ Incapacité à rester concentré plus de quelques minutes,
- ❖ Lecture en diagonale, difficulté à terminer un paragraphe ou une tâche,
- ❖ Retour constant à la même tâche sans réelle avancée (effet de « boucle »),
- ❖ Sensation de « brouillard mental » permanent.

Le cerveau, sollicité en continu par des contenus courts, rapides, ludiques, devient **intolérant aux efforts longs** et développe une **addiction à la stimulation rapide,** ce qui sabote la concentration nécessaire à la productivité.

2. La procrastination numérique : un piège redoutable

Les réseaux sociaux constituent aujourd'hui l'un des **principaux moteurs de procrastination.** Ils offrent une distraction immédiate, à portée de main, accessible en un clic, permettant de fuir toute tâche perçue comme ennuyeuse, complexe ou stressante.

Exemples fréquents :
- ❖ Retarder l'écriture d'un rapport pour « jeter un coup d'œil » sur Instagram,
- ❖ Reporter les devoirs en regardant quelques vidéos TikTok « pour se détendre »,
- ❖ Ouvrir Facebook au lieu de traiter un e-mail difficile.

La procrastination numérique est particulièrement dangereuse car elle **dissimule l'inaction derrière une activité apparente**. On a l'impression d'être occupé, mais en réalité on est improductif. Cela peut entraîner :
- ❖ de la culpabilité,
- ❖ un sentiment d'insatisfaction,
- ❖ un sentiment de dévalorisation,
- ❖ et à terme, une perte de motivation générale.

3. La désorganisation du temps

L'usage incontrôlé des réseaux sociaux fausse la perception du temps. Une session de 5 minutes peut facilement se transformer en 30 minutes ou une heure. Cela perturbe la **planification des tâches**, les horaires de travail, les pauses, voire les moments de repos.

Effets concrets :
- ❖ Retards récurrents dans les obligations (professionnelles ou personnelles),
- ❖ Négligence des responsabilités domestiques,
- ❖ Difficulté à établir un emploi du temps réaliste,
- ❖ Inversion des rythmes (activité intense la nuit, fatigue le jour),
- ❖ Surbooking compensatoire (trop de tâches accumulées non réalisées à temps).

Cette désorganisation, lorsqu'elle devient chronique, engendre une **fatigue décisionnelle** et un sentiment de débordement permanent.

4. Baisse de l'engagement et de la motivation

Les réseaux sociaux, en fournissant une gratification immédiate ("likes", vidéos divertissantes, interactions rapides), conditionnent le cerveau à **rechercher des récompenses instantanées**. Or, la plupart des tâches productives nécessitent :

- ❖ du délai,
- ❖ de la patience,
- ❖ des efforts parfois ingrats,
- ❖ une gratification différée.

Effet :

- ❖ difficulté à se mettre au travail,
- ❖ désintérêt pour les projets long terme,
- ❖ sentiment de démotivation ou de perte de sens,
- ❖ abandon fréquent d'objectifs commencés.

Certaines personnes entrent ainsi dans un **cercle vicieux** : plus elles fuient leurs responsabilités via les réseaux, plus elles se sentent improductives, plus elles perdent confiance, plus elles fuient.

5. Interférences dans la vie professionnelle

Dans le monde du travail, l'usage inapproprié des réseaux sociaux peut devenir un **frein réel à l'efficacité et à la crédibilité professionnelle**.

Exemples des incidences :

- ❖ Perte de temps sur les heures de travail,
- ❖ Baisse de la qualité des livrables (travail précipité ou bâclé),
- ❖ Détérioration des relations avec les collègues (inattention en réunion, isolement),
- ❖ Sanctions disciplinaires en cas d'abus ou d'usage non autorisé.

Même dans les postes où l'usage des réseaux est justifié, le **risque de distraction** reste présent : passer d'une tâche professionnelle à une page personnelle, répondre à des messages privés, se laisser happer par des contenus non liés au travail…

6. Vie personnelle désorganisée : oubli, négligence et déséquilibre

À la maison aussi, l'addiction aux réseaux peut affecter la capacité à :
- ❖ planifier les repas,
- ❖ entretenir son espace de vie,
- ❖ gérer les finances personnelles,
- ❖ honorer des engagements (rendez-vous, anniversaires, factures à régler…).

Le temps et l'attention, accaparés par l'écran, ne sont plus disponibles pour les activités essentielles. Cela entraîne souvent une **sensation de chaos quotidien**, de fatigue mentale accrue, et de perte de contrôle sur sa propre vie.

7. Difficulté à atteindre ses objectifs personnels

L'un des indicateurs majeurs d'une vie équilibrée est la **capacité à progresser vers ses objectifs personnels** : apprendre une langue, écrire un livre, lancer un projet, se remettre au sport…Or, l'usage compulsif des réseaux détourne de ces ambitions. Les heures cumulées à scroller remplacent des heures d'investissement productif. Et cette **inactivité déguisée en activité** finit par tuer l'élan personnel.

L'individu peut alors se sentir :
- ❖ frustré,
- ❖ inachevé,
- ❖ improductif,
- ❖ sans direction.

8. Impact psychologique de l'inefficacité perçue

Lorsque les réseaux sociaux nuisent à la productivité, une **spirale émotionnelle négative** s'installe :
- ❖ culpabilité,
- ❖ sentiment d'échec,
- ❖ perte de confiance,
- ❖ tendance à l'évitement (encore plus de réseaux pour fuir l'échec…).

Ce phénomène, très courant chez les étudiants ou les freelances, alimente des **troubles anxieux ou dépressifs**, et renforce la dépendance au numérique comme échappatoire.

L'addiction aux réseaux sociaux a un **impact profond sur la productivité et l'organisation quotidienne**. Elle fragilise la concentration, entretient la procrastination, désorganise le temps, réduit la motivation, et altère la capacité à accomplir les tâches essentielles de la vie personnelle et professionnelle. Sortir de cette dynamique nécessite une **restructuration des habitudes**, une **rééducation de l'attention**, et une **clarification des priorités de vie**. Le chapitre suivant proposera justement des pistes concrètes pour identifier son niveau de dépendance et commencer à s'en libérer.

CHAPITRE 4 : Prise de conscience et auto-diagnostic

4.1 Identifier les signes de dépendance aux réseaux sociaux

Avant d'entreprendre quoi que ce soit, il importe de reconnaître les signes d'une addiction aux réseaux sociaux. Nombreux sont ceux qui utilisent ces plateformes plusieurs heures par jour sans se poser de questions, jusqu'à ce que leur bien-être, leurs relations ou leur performance commencent à en pâtir. Or, l'addiction numérique ne survient pas du jour au lendemain : elle s'installe **progressivement**, de façon insidieuse, à travers des comportements répétitifs, des pensées obsessionnelles et des émotions difficiles à gérer sans connexion.

Dans cette section, nous vous proposons une exploration détaillée des **manifestations comportementales, cognitives, émotionnelles et sociales** qui permettent d'identifier une dépendance. Ces signes peuvent être légers ou sévères, ponctuels ou constants, mais leur accumulation constitue un **signal d'alerte**.

1. Le temps passé en ligne : excès incontrôlé

Le premier indicateur est bien sûr le **temps passé sur les réseaux sociaux**. Une personne peut passer deux, trois, voire six heures par jour à « scroller », commenter, publier, liker… sans même en avoir conscience. Le problème n'est pas tant la quantité, mais :
- l'**incapacité à réduire ce temps**,
- la **perte de contrôle sur la durée d'utilisation**,
- la **frustration ou l'irritation quand on essaie de s'en passer**.

⏱ **Questions à se poser :**
- Suis-je souvent surpris(e) par le temps écoulé sur les réseaux ?
- Ai-je du mal à m'arrêter une fois que j'ai commencé ?

- Suis-je conscient(e) de mon temps d'écran quotidien ?

2. L'usage compulsif : le geste réflexe

Un autre signe clair de dépendance est le **comportement automatique**, parfois inconscient. On ouvre l'application sans raison, par réflexe, dès qu'un moment de vide se présente :
- en attendant dans une file,
- aux toilettes,
- entre deux tâches,
- dans les transports ou même en marchant.

Ce **geste devenu réflexe** est un indice d'ancrage profond dans les habitudes comportementales, comparable à celui du fumeur qui allume une cigarette sans y penser.

💬 **Symptômes associés :**
- Ouvrir l'application plusieurs dizaines de fois par jour.
- Consulter le téléphone alors qu'aucune notification n'est arrivée.
- Se reconnecter même après avoir décidé d'arrêter.

3. La perte de contrôle : l'incapacité à se fixer des limites

La dépendance se caractérise par une **perte de liberté d'action** : on aimerait arrêter ou réduire, mais on n'y parvient pas. Cette perte de contrôle s'exprime à travers :
- des **promesses non tenues** (« Demain, j'arrête », « Je n'y vais que 10 minutes »),
- des **tentatives de sevrage avortées**,
- des **justifications permanentes** (« C'est pour le travail », « Je me détends, c'est tout »).

Cette difficulté à mettre en place des limites viables montre que **le réseau contrôle l'utilisateur, et non l'inverse**.

4. L'envahissement mental : pensées obsédantes

Une addiction ne se manifeste pas seulement par un comportement visible. Elle s'installe aussi **dans le mental** :
- penser à ce qu'on va poster,
- imaginer la réaction des autres,
- anticiper les « likes », les vues,
- ressasser les commentaires ou les absences de réaction.

Le réseau social devient **une toile de fond constante**, même en l'absence de téléphone. Ce **bruit mental permanent** est un signe fort de dépendance cognitive.

5. Les conséquences émotionnelles : frustration, anxiété, vide

Les émotions négatives liées à l'usage ou à l'absence de réseaux sociaux sont aussi révélatrices :
- irritabilité quand la connexion est impossible,
- anxiété si le téléphone est oublié,
- agitation intérieure lorsqu'on n'a pas posté depuis longtemps,
- ennui profond sans écran,
- sentiment de vide après avoir scrolé pendant des heures.

Cette **dépendance émotionnelle** traduit une perte de capacité à réguler ses émotions autrement qu'à travers les plateformes numériques.

6. La désorganisation de la vie quotidienne

Lorsque l'usage des réseaux sociaux **perturbe les routines**, **désorganise les priorités**, ou **interfère avec les obligations**, cela devient problématique.

@ **Signes concrets :**
- Retards fréquents liés au temps passé sur les applications.
- Négligence de tâches domestiques, scolaires ou professionnelles.
- Difficulté à respecter des horaires de sommeil.
- Oublis répétés, désorganisation, procrastination.

Il ne s'agit plus d'un simple loisir, mais d'un **comportement qui prend le dessus sur la gestion du quotidien.**

7. Le désintérêt progressif pour d'autres activités

La dépendance peut aussi se détecter dans la **perte d'intérêt pour les activités autrefois valorisées :**
- sport,
- lecture,
- sorties amicales,
- projets personnels.

Si les réseaux deviennent **la seule source de plaisir ou de stimulation,** cela révèle une **désensibilisation aux autres formes de gratification** — un processus similaire à d'autres formes d'addiction.

8. La tension sociale ou familiale

Les proches sont souvent les premiers à remarquer l'excès. Lorsque des **tensions apparaissent dans le couple, la famille ou les amitiés**, en lien avec l'usage du téléphone ou des réseaux, c'est un signal important.

⬤ **Indices :**
- reproches répétés du partenaire (« Tu es toujours sur ton téléphone »),
- disputes sur la disponibilité émotionnelle,
- isolement progressif du cercle social réel.

L'usage excessif devient alors **un facteur de conflit**, voire une cause de rupture relationnelle.

9. L'impact sur la santé (sommeil, fatigue, stress)

Nous l'avons vu dans le chapitre précédent : l'addiction numérique entraîne des effets physiologiques visibles. Si vous constatez :
- une dégradation de votre sommeil,
- des douleurs corporelles,
- une fatigue constante,

- une nervosité inhabituelle,

... il est probable que votre usage numérique y contribue. Ces manifestations physiques sont **la traduction somatique d'un trouble du comportement.**

10. Test rapide d'auto-diagnostic (check-list simplifiée)

Les 10 questions rapides à se poser. Si vous répondez « **oui** » à 5 ou plus, il est probable que votre usage soit problématique :

1. Je consulte les réseaux dès le réveil ou juste avant de dormir.
2. Je perds la notion du temps quand je suis connecté(e).
3. Je me sens frustré(e) ou vide si je ne peux pas y accéder.
4. Mon entourage me fait des remarques sur mon temps d'écran.
5. J'ai déjà tenté de réduire, sans succès.
6. Je privilégie les réseaux à des activités plus importantes.
7. Je pense souvent à ce que je vais publier, même hors ligne.
8. J'ai du mal à me concentrer longtemps sans consulter une app.
9. Je me compare régulièrement aux autres en ligne.
10. J'ai perdu le goût pour certaines activités que j'aimais.

Identifier les signes d'une addiction aux réseaux sociaux, c'est **le premier pas vers le changement**. Il ne s'agit pas de se juger, mais de prendre conscience, honnêtement et sans culpabilité, de l'influence réelle qu'exerce le numérique sur notre quotidien, nos émotions, notre santé, notre temps, et notre bien-être.

Dans la prochaine section, nous verrons **comment évaluer précisément son degré de dépendance**, avec des outils d'auto-évaluation plus complets, et comment poser un **diagnostic personnel clair** pour amorcer un véritable plan de libération.

4.2 Tests d'auto-évaluation : où en êtes-vous avec votre usage ?

L'étape suivante après l'identification des signes de dépendance aux réseaux sociaux est **une auto-évaluation approfondie**. Cette démarche permettra de mesurer avec précision **le degré d'impact du numérique sur votre vie quotidienne, vos émotions, votre temps, vos priorités et vos relations**. Il ne s'agit pas d'un diagnostic médical formel, mais d'un outil personnel pour mieux comprendre vos habitudes et amorcer, si nécessaire, un processus de changement.

Dans cette section, vous trouverez :
- des grilles d'évaluation simples,
- un questionnaire structuré,
- une méthode d'interprétation des résultats,
- et des pistes de réflexion en fonction de votre score.

1. Pourquoi s'auto-évaluer ?

L'addiction numérique est souvent **minimisée, banalisée ou ignorée**. Beaucoup d'utilisateurs n'ont pas conscience de l'impact réel de leurs habitudes. S'auto-évaluer, c'est :
- prendre du recul,
- mettre des mots et des chiffres sur des ressentis flous,
- faire émerger des comportements inconscients,
- amorcer une **prise de décision fondée sur une base concrète**.

2. Test n°1 : Questionnaire d'auto-évaluation rapide (15 questions)

Répondez honnêtement par **Oui (1 point)** ou **Non (0 point)** à chacune des affirmations ci-dessous :

1. Je consulte les réseaux sociaux dès mon réveil ou juste avant de dormir.
2. Je passe plus de deux heures par jour sur les réseaux sans obligation professionnelle.
3. Je consulte mon téléphone même pendant les repas, les discussions ou les temps de repos.
4. J'ai du mal à me concentrer plus de 20 minutes sans regarder mon téléphone.
5. Je ressens de l'anxiété ou de l'irritation lorsque je n'ai pas accès à mes réseaux sociaux.
6. J'ai déjà essayé de réduire mon temps d'écran sans succès durable.
7. Je me surprends souvent à "scroller" sans but précis.

8. J'éprouve du plaisir, de la fierté ou du soulagement lorsque mes publications sont bien reçues.
9. Je me sens parfois triste, vide ou jaloux(se) après avoir vu ce que postent les autres.
10. Mon entourage me fait des remarques sur mon usage des réseaux sociaux.
11. J'ai déjà négligé une tâche importante à cause du temps passé en ligne.
12. Je me connecte même lorsque je suis fatigué(e) ou que je manque de temps.
13. Je pense à ce que je vais publier ou à ce que les autres vont penser de mes publications.
14. Je me sens parfois "pris(e) au piège" par les réseaux sociaux.
15. Je consulte mes réseaux même dans des contextes inappropriés (en réunion, en cours, au volant…).

→ **Résultats** : Additionnez vos points (score sur 15)
- **0 à 4** : Usage modéré et probablement bien géré. Vous êtes attentif à vos habitudes numériques.
- **5 à 9** : Usage préoccupant. Certains comportements sont à surveiller. Il serait utile d'envisager des ajustements.
- **10 à 15** : Usage problématique. Vous êtes probablement dans une dynamique de dépendance. Une démarche de rééquilibrage est fortement recommandée.

3. Test n°2 : Auto-évaluation du ressenti et des impacts

Instructions :
Notez chaque affirmation de 1 à 5 en fonction de ce que vous avez ressenti au cours des six derniers mois :
- 1 = Pas du tout vrai
- 2 = Rarement vrai
- 3 = Parfois vrai
- 4 = Souvent vrai
- 5 = Tout à fait vrai

Affirmations à noter :
1. Je me sens souvent fatigué(e) mentalement après avoir passé du temps sur les réseaux sociaux.

2. Je compare régulièrement ma vie à celle des autres sur les réseaux, ce qui me rend insatisfait(e).

3. Mon usage des réseaux sociaux me fait parfois perdre du temps pour des tâches importantes.

4. Je me sens coupable après avoir passé trop de temps en ligne.

5. Les réseaux sociaux affectent ma qualité de sommeil.

6. Je ressens une forme d'anxiété ou de frustration lorsque je n'ai pas accès à mon téléphone.

7. J'ai du mal à rester concentré(e) longtemps sans vérifier mon téléphone.

8. Mon humeur varie en fonction des interactions (« likes », commentaires…) que je reçois.

9. Je repousse certaines activités (travail, sport, tâches ménagères) à cause du temps passé sur les réseaux.

10. Je ressens parfois un vide ou un manque de sens après plusieurs heures passées en ligne.

✏️ **Remplissez vos réponses ici (1 à 5 pour chaque affirmation) :**

Affirmation	Note (1-5)
1	
2	
3	
4	
5	
6	
7	
8	
9	
10	

❅ **Interprétation des résultats :**

- **10 à 19 points :** Votre usage semble équilibré, mais restez vigilant(e) aux signaux faibles.
- **20 à 34 points :** Vous ressentez certains impacts significatifs. Il serait bénéfique d'ajuster vos habitudes.

- 35 à 50 points : Votre bien-être est probablement affecté. Une démarche de désintoxication numérique est fortement conseillée.

4. Profil de dépendance : analyse qualitative de vos réponses

En complément des scores, réfléchissez aux éléments suivants :

- **Quelles émotions reviennent le plus souvent en lien avec votre usage ?** (Stress, plaisir, honte, frustration, excitation, solitude ?)
- **Quelles sont vos périodes les plus intenses d'utilisation ?** (Soirée, week-end, moments de stress, périodes d'ennui ?)
- **Quels types de contenus consommez-vous le plus ?** (Divertissement, informations, relations sociales, reconnaissance ?)
- **Quels domaines de votre vie sont les plus impactés ?** (Santé, relations, sommeil, concentration, projets ?)

Répondre à ces questions vous aidera à **identifier votre profil personnel de dépendance**, et donc à ajuster vos actions de manière ciblée.

5. Le piège de la minimisation

Une tendance fréquente chez les personnes en début de dépendance est la **minimisation :**
- "Je gère, je peux arrêter quand je veux."
- "Tout le monde est pareil aujourd'hui."
- "C'est juste pour me détendre un peu."

Ces justifications masquent souvent un **déni partiel** qui retarde la prise en charge. Rappelez-vous : reconnaître un excès **n'est pas un aveu de faiblesse**, mais un **acte de lucidité** et une **étape de libération**.

6. Tenir un journal de bord de l'usage

Pour affiner votre auto-évaluation, vous pouvez tenir pendant **7 jours consécutifs** un **journal de bord numérique**. Notez chaque jour :
- Le temps passé sur les réseaux,

- Les moments clés où vous vous êtes connecté,
- L'émotion principale ressentie avant et après,
- Les tâches repoussées à cause de l'usage.

Ce journal révèle souvent **des schémas d'usage invisibles**, qui peuvent être travaillés par la suite.

7. Que faire selon votre profil ?

A. Si votre usage est équilibré :
- Maintenez vos habitudes actuelles,
- Continuez à vous fixer des limites claires,
- Gardez une vigilance bienveillante sur vos ressentis.

B. Si votre usage est préoccupant :
- Commencez à définir des plages horaires sans réseau,
- Désactivez les notifications inutiles,
- Redonnez de la place à d'autres activités enrichissantes.

C. Si votre usage est problématique :
- Envisagez un plan structuré de réduction (chapitre suivant),
- Cherchez du soutien (amis, coach, thérapeute),
- Réfléchissez aux **fonctions émotionnelles ou sociales que remplissent les réseaux** dans votre quotidien.

S'auto-évaluer, c'est **prendre le temps de se regarder avec honnêteté**, sans jugement. C'est la première étape pour regagner du pouvoir sur son temps, son attention, ses priorités et sa liberté intérieure.

Ce chapitre vous a permis d'évaluer **où vous en êtes**. Le prochain vous proposera de passer à l'action avec **des stratégies concrètes pour réguler votre usage, retrouver un équilibre, et restaurer votre bien-être mental et physique.**

4.3 Prendre conscience sans culpabiliser : une étape essentielle

Prendre conscience de sa dépendance aux réseaux sociaux est une démarche courageuse. Cela implique de se confronter à ses comportements, à ses émotions, à ses failles parfois inconfortables.

Mais cette prise de conscience ne doit pas être synonyme de **culpabilité**. Trop souvent, lorsqu'on réalise qu'on passe « trop de temps » sur les écrans, qu'on néglige certaines priorités ou qu'on agit de manière compulsive, on tombe dans un **discours intérieur accusateur**, qui peut devenir un frein à tout changement.

Nous allons aborder dans cette section la question de la **prise de conscience sans jugement, l'impact négatif de la culpabilité**, et les **attitudes mentales** qui favorisent la transformation de **la lucidité en action**.

1. Le piège de la culpabilité : un blocage émotionnel

Lorsqu'on se rend compte de son addiction ou de sa perte de contrôle, la première réaction est souvent **la honte** ou **la culpabilité** :
- « Je suis nul(le), je n'arrive même pas à poser mon téléphone. »
- « J'ai gâché du temps que je ne retrouverai pas. »
- « J'ai raté des opportunités à cause de cette habitude. »

Ces pensées peuvent paraître motivantes, mais en réalité, elles **sapent la confiance, affaiblissent l'estime de soi** et **figent la personne dans un cercle de passivité**.

Conséquences de la culpabilité excessive :
- Découragement (« À quoi bon essayer ? »),
- Auto-sabotage (« De toute façon, je suis comme ça »),
- Répétition du comportement par compensation (« Je me sens mal, donc je retourne sur les réseaux pour oublier… »).

La culpabilité devient alors **un facteur aggravant** de l'addiction, au lieu d'en être le moteur de sortie.

2. Comprendre sans juger : adopter une posture bienveillante

L'attitude la plus féconde face à une dépendance est celle de la **curiosité bienveillante**. Cela consiste à :
- Observer son comportement sans l'étiqueter moralement,
- Identifier les causes sans blâmer,
- Remplacer la condamnation par la compréhension.

Cette posture permet de passer de la question « Qu'est-ce qui ne va pas chez moi ? » à « **Qu'est-ce que ce comportement cherche à m'apporter ?** »

C'est une approche **centrée sur la fonction du comportement**, et non sur sa valeur morale.

3. L'addiction n'est pas un échec, mais une stratégie devenue inadaptée

L'un des changements de regard les plus puissants consiste à comprendre que **l'addiction est souvent une solution devenue problématique.**

C'est le cas de :
- Se connecter pour échapper à l'anxiété → soulagement immédiat.
- Consulter les réseaux pour se sentir moins seul → lien social temporaire.
- Publier pour se sentir reconnu → validation externe.

Le problème n'est pas d'avoir cherché du réconfort, du lien ou de la stimulation. Le problème, c'est que ce **moyen s'est transformé en dépendance**, en **automatisme**, et qu'il a fini par causer plus de mal que de bien.

Mais ce constat ne doit pas donner lieu à une condamnation, seulement à une **prise de responsabilité :**

« Ce que j'ai fait jusqu'ici avait du sens. Maintenant, je choisis autre chose. »

4. L'auto-compassion : une clé puissante du changement

L'auto-compassion, développée notamment par la psychologue Kristin Neff, est **l'art de se traiter avec la même douceur qu'on offrirait à un ami en souffrance.** Elle repose sur trois piliers :
1. **La bienveillance envers soi**, plutôt que l'auto-jugement.

2. **La reconnaissance de l'humanité partagée** : personne n'est parfait, chacun lutte avec ses propres fragilités.
3. **La pleine conscience** : être présent à ce qu'on vit, sans dramatiser ni fuir.

Appliquée à la dépendance numérique, cela peut donner :
- « Oui, j'ai tendance à m'évader sur les réseaux quand je suis stressé. Ce n'est pas idéal, mais c'est humain. »
- « Je fais de mon mieux avec les ressources que j'ai aujourd'hui. Et je peux apprendre à faire autrement. »
- « Je ne suis pas défini(e) par mes habitudes passées. Je suis en chemin. »

5. Remplacer la culpabilité par la responsabilité

Prendre conscience, ce n'est pas se faire des reproches. C'est **prendre sa part de responsabilité, sans se charger du poids du monde.**

En d'autres termes :
- Reconnaitre que certains comportements ont des conséquences,
- Accepter que l'on a parfois agi par automatisme ou par peur,
- Mais aussi reconnaître que **l'on a désormais le pouvoir de choisir une autre voie.**

La **responsabilité ouvre la porte à l'action**, là où la culpabilité enferme dans la passivité.

6. Identifier les déclencheurs avec lucidité

L'un des outils les plus efficaces pour transformer sa relation aux réseaux est d'apprendre à repérer les **déclencheurs émotionnels ou contextuels** qui vous poussent à vous connecter.

Interrogez-vous sur les points suivants :
- Quand est-ce que j'ai le plus envie d'aller sur les réseaux ?
- Qu'est-ce que je ressens juste avant de prendre mon téléphone ?

- Qu'est-ce que je cherche inconsciemment (réconfort, distraction, lien, reconnaissance…) ?

Cette observation vous permet de **rester acteur** de votre comportement, plutôt que de le subir.

7. Accepter les rechutes comme partie du processus

Changer une habitude ancrée demande du temps. Il y aura **des phases de progrès, mais aussi des rechutes**, des jours avec et des jours sans.

L'important est de :
- Ne pas interpréter chaque rechute comme un échec,
- Ne pas généraliser (« je n'y arriverai jamais »),
- Revenir à votre intention initiale.

Chaque prise de conscience est une **victoire en soi**, même si le comportement ne disparaît pas du jour au lendemain.

8. Célébrer les petits pas

Chaque petit pas vers une meilleure gestion de votre temps numérique mérite d'être reconnu :
- Une soirée sans écran,
- Un moment de présence à soi ou à l'autre,
- Une activité retrouvée (lecture, balade, écriture…),
- Une prise de conscience lors d'une impulsion.

Ce sont **ces micro-avancées cumulées** qui transforment durablement vos habitudes.

Prendre conscience de sa dépendance aux réseaux sociaux est un **acte de maturité et de courage**. Mais cette lucidité n'a de pouvoir que si elle s'accompagne de **bienveillance envers soi-même**. La culpabilité enferme, la compassion libère. L'objectif n'est pas de se juger, mais de comprendre, d'apprendre, et de se reconnecter à son libre arbitre.

Vous êtes un être en chemin, et chaque prise de conscience est **une étape vers une vie plus alignée, plus libre, plus vivante.**

Dans la prochaine section, nous explorerons comment transformer cette prise de conscience en **décisions concrètes**, pour amorcer un plan d'action réaliste et progressif.

4.4 Définir son point de départ : poser un regard honnête sur son rapport au numérique

Après avoir identifié les signes de dépendance, effectué une auto-évaluation et pris conscience de ses habitudes sans culpabiliser, il est temps de **poser un regard lucide et structuré sur sa relation personnelle au numérique.** Cette étape est essentielle avant d'entreprendre tout changement durable : on ne peut pas transformer ce que l'on ne comprend pas, et on ne peut pas avancer si l'on ignore d'où l'on part.

Dans cette section, vous allez apprendre à **dresser un état des lieux clair et honnête** de votre usage des réseaux sociaux. Ce travail d'introspection vous permettra de **mieux comprendre vos mécanismes, vos vulnérabilités, vos motivations inconscientes**, mais aussi vos besoins profonds. En d'autres termes : il s'agit de **mettre des mots précis sur votre réalité numérique.**

1. Pourquoi définir un point de départ ?

On entend souvent : « Je veux passer moins de temps sur les réseaux », « Je veux me reconnecter à la vraie vie »... Mais ces intentions restent vagues si elles ne s'appuient pas sur une **évaluation concrète et personnalisée.**

Définir votre point de départ permet de :
- prendre conscience de l'ampleur réelle de l'usage,
- différencier les usages utiles de ceux qui sont compulsifs,
- comprendre ce que vous cherchez vraiment à travers la connexion,
- fixer des objectifs de changement adaptés à **votre propre réalité.**

2. Quantifier l'usage : combien de temps, où et quand ?

Commencez par collecter **des données objectives** sur votre utilisation des réseaux sociaux. Les smartphones proposent aujourd'hui des outils intégrés :
- **Temps d'écran** (iPhone / Android),
- Répartition par application,
- Nombre de consultations par jour.

Pendant une semaine complète, notez :
- le **temps quotidien total** passé sur les réseaux,
- les **moments de la journée les plus critiques** (réveil, pause déjeuner, coucher…),
- les **applis les plus consultées**,
- les **pics de connexion** (heures et durées les plus longues).

♀ *Conseil pratique :* si possible, utilisez un journal de bord papier ou numérique pour enregistrer vos observations chaque soir. Ce suivi vous aidera à **repérer les tendances**, les automatismes et les déclencheurs.

3. Identifier les déclencheurs émotionnels et contextuels

Il ne suffit pas de savoir combien de temps vous passez en ligne. Il faut aussi comprendre **ce qui vous pousse à vous connecter.**

Posez-vous les questions suivantes :
- Dans quel état émotionnel suis-je juste avant d'ouvrir l'application ?
- Est-ce que je me connecte quand je m'ennuie, quand je suis stressé(e), seul(e), fatigué(e) ?
- Quels lieux, situations ou personnes déclenchent ce réflexe ?

Exemples de déclencheurs :
- Attente (transport, file d'attente),
- Moments de vide (entre deux tâches),
- Recherche de réconfort après une journée difficile,
- Fuite face à une émotion inconfortable (colère, tristesse, frustration),
- Habitude associée (repas, toilettes, réveil…).

Comprendre vos déclencheurs vous permettra, dans les chapitres suivants, de **mettre en place des réponses alternatives plus saines et conscientes**.

4. Décrypter les motivations cachées

Derrière chaque comportement numérique excessif se cachent souvent des **besoins profonds** :
- Besoin de reconnaissance (« likes », commentaires),
- Besoin de lien social (chats, stories),
- Besoin de stimulation (vidéos rapides, humour, émotions fortes),
- Besoin d'évasion (fuite de l'ennui ou de la réalité),
- Besoin de contrôle ou de comparaison (se rassurer en se mesurant aux autres).

☞ **Posez-vous la question suivante :**
« Qu'est-ce que je cherche vraiment quand je me connecte ? »

« Quel besoin émotionnel est comblé — même temporairement — par cet usage ? »

Cette analyse vous permet de **différencier les besoins légitimes des moyens inefficaces** utilisés pour les satisfaire. Vous comprendrez ainsi que le problème n'est pas le besoin… mais la manière de le combler.

5. Identifier les conséquences concrètes

Prenez le temps de lister, de façon honnête, **les effets visibles de votre usage des réseaux sociaux** dans les différents domaines de votre vie :

a. Sur votre santé :
- Insomnies ?
- Fatigue visuelle ou mentale ?
- Sédentarité excessive ?

b. Sur votre vie relationnelle :
- Conflits avec votre entourage ?

- Moins de disponibilité émotionnelle ?
- Moins de temps pour les autres ?

c. Sur votre organisation :
- Procrastination accrue ?
- Dérèglement du rythme de vie ?
- Difficulté à atteindre vos objectifs personnels ?

d. Sur votre état émotionnel :
- Anxiété ?
- Comparaison sociale toxique ?
- Baisse d'estime de soi ?

Soyez factuel, mais sans jugement. L'objectif est de **dresser une cartographie réaliste de l'impact de votre usage numérique**, sans dramatiser, mais sans minimiser non plus.

6. Identifier ce qui fonctionne encore bien

Il est aussi important de repérer **ce que vous gérez bien** dans votre rapport au numérique :
- Est-ce que vous arrivez à déconnecter pendant certaines périodes ?
- Est-ce que certaines applis sont utilisées de manière productive (pro, info, créativité) ?
- Avez-vous des moments où vous êtes totalement présent(e) à vous-même, sans écran ?

Reconnaître ses **forces actuelles** est tout aussi important que d'identifier les points à améliorer. Cela vous donne confiance en votre capacité à changer.

7. Créer votre fiche de départ personnalisée

Sur la base de tout ce travail, créez une fiche de synthèse simple en répondant aux questions suivantes :

Mon usage quotidien approximatif :

🗓 **Temps total :**

🕐 **Heures critiques :**
📲 **Applis les plus consultées :**

Mes déclencheurs principaux :

⚡ **Emotionnels :**
🏠 **Contextuels :**

Mes besoins principaux comblés par les réseaux :

♡   **Reconnaissance ?**
👥 **Lien social ?**
🎭 **Évasion ?**
🎮 **Stimulation ?**

Les effets les plus visibles sur ma vie :

🛏 **Santé :**
👫 **Relations :**
🗓 **Organisation :**
☺ **Émotions :**

Mes ressources actuelles :

💪 **Points que je maîtrise bien :**
🌱 **Activités alternatives que j'apprécie :**
🔒 **Moments où je sais me déconnecter :**

8. Pourquoi ce travail est fondamental ?

Cette étape est essentielle pour éviter de tomber dans une démarche générique ou impulsive (« Je vais tout couper du jour au lendemain ! »).

En définissant **votre point de départ personnel**, vous allez pouvoir :
- établir des objectifs adaptés,
- suivre vos progrès,
- ajuster vos efforts sans pression excessive,
- éviter les frustrations et les échecs inutiles.

C'est le fondement d'un **changement durable et intelligent**.

Poser un regard honnête sur son rapport aux réseaux sociaux, c'est accepter de **se rencontrer là où l'on en est vraiment**. C'est une démarche de vérité, mais aussi de bienveillance, qui permet de poser les bases d'un changement réfléchi, respectueux de son rythme, et adapté à ses besoins.

Dans le prochain chapitre, vous découvrirez **des stratégies concrètes et progressives** pour réduire votre dépendance, reprendre le contrôle de votre attention, et reconstruire un équilibre numérique harmonieux.

CHAPITRE 5 : Élaborer un plan de désintoxication numérique

5.1 Définir un objectif réaliste et motivant

Une fois la prise de conscience bien établie, il est temps de passer à l'action. Mais pour transformer durablement son rapport aux réseaux sociaux, il ne suffit pas de vouloir « arrêter » ou de se dire « il faut que je réduise ». Un changement efficace repose sur un **objectif clair, personnalisé, atteignable et motivant**. C'est le point de départ d'un plan de désintoxication numérique réussi.

Dans cette section, vous apprendrez à **formuler un objectif précis**, à vérifier qu'il soit en phase avec votre réalité, et à vous doter d'un **levier de motivation solide**, capable de vous soutenir dans les moments de doute.

1. Pourquoi un objectif clair est indispensable

Changer une habitude ancrée, comme celle de se connecter compulsivement aux réseaux sociaux, demande de l'énergie. Or, l'énergie ne se mobilise pas sur des intentions vagues du type :
- « Je vais essayer de me calmer. »
- « Il faut que je passe moins de temps sur Instagram. »
- « Je devrais arrêter TikTok. »

Ces phrases traduisent une **envie générale**, mais sans direction concrète. **Retombée** : aucune action claire ne peut émerger, ce qui mène à la frustration et à l'échec.

Au contraire, un objectif bien défini permet :
- de **savoir précisément ce que l'on veut atteindre**,
- de **mesurer les progrès**,

- de **rester motivé sur la durée.**

2. Utiliser la méthode SMART

Un bon objectif respecte la méthode **SMART**, bien connue dans la gestion de projet et le coaching. Cela signifie qu'il doit être :

S – Spécifique
Il doit être formulé clairement, sans ambiguïté.
Mauvais : « Je vais me déconnecter. »
Meilleur : « Je veux limiter mon temps sur Instagram à 30 minutes par jour. »

M – Mesurable
Il doit être quantifiable, vérifiable.
Par exemple : *« Réduire le temps total d'écran à 2 heures par jour. »*

A – Atteignable
Il doit être ambitieux, mais réaliste par rapport à votre rythme de vie.
Inutile de viser 0 minute du jour au lendemain si vous travaillez en ligne.

R – Réaliste
Il doit tenir compte de vos contraintes : travail, études, responsabilités…
Si vous êtes community manager, un objectif trop restrictif sera contre-productif.

T – Temporellement défini
Il doit être associé à un **délai clair.**
Par exemple : *« D'ici 30 jours, je veux avoir instauré une routine avec deux périodes de 1h sans écran par jour. »*

3. Exemples d'objectifs concrets

Quelques exemples d'objectifs bien formulés que vous pourriez adapter à votre situation :

- « Je veux ne pas utiliser mon téléphone entre 22h et 8h pendant 21 jours consécutifs. »
- « Je limite mon temps total sur les réseaux à 1h30 par jour pendant 4 semaines. »
- « Je désactive les notifications des applications non essentielles pendant un mois. »
- « Je prévois chaque soir 30 minutes de lecture sans écran. »

- « Je veux passer une journée complète sans réseaux chaque dimanche pendant 1 mois. »

✎ *L'objectif n'est pas la perfection, mais la* **cohérence** *avec votre intention profonde.*

4. Clarifier votre intention : pourquoi voulez-vous changer ?

L'objectif, pour être motivant, doit être **porté par une intention personnelle forte**. Il ne s'agit pas de suivre une mode ou de faire plaisir à quelqu'un d'autre. Votre changement doit répondre à **un besoin réel de votre vie actuelle**.

Posez-vous ces questions :
- Qu'est-ce que je veux retrouver dans ma vie ?
- À quoi est-ce que je veux dire « oui », en disant « non » à l'excès numérique ?
- Qu'est-ce que je perds actuellement à cause de mon usage des réseaux ?
- Quelle qualité de vie je veux construire à la place ?

Ces réponses vous aideront à définir un **objectif qui vous touche personnellement** et qui **fait sens dans votre trajectoire de vie**.

5. Identifier les bénéfices attendus

Pour rester motivé dans le temps, il est important de **projeter les bénéfices concrets que vous attendez du changement** :
- 🎵 Meilleur sommeil et énergie au réveil.
- 👥 Plus de qualité dans mes relations proches.
- 📓 Du temps pour lire, créer, réfléchir.
- 🧘‍♀️ Moins de stress et plus de calme intérieur.
- ◉ Me recentrer sur mes vrais objectifs de vie.

☞ Notez ces bénéfices dans un carnet ou une note visible sur votre téléphone. Relisez-les chaque matin ou en cas de doute : cela renforcera votre engagement.

6. Identifier vos obstacles potentiels

Tout changement de comportement s'accompagne de **résistances**. Pour éviter les rechutes trop rapides, anticipez les freins :
- Est-ce que je risque d'être tenté le soir ?
- Est-ce que je cède quand je suis stressé(e) ?
- Est-ce que certaines apps sont plus problématiques que d'autres ?
- Est-ce que je me sens seul(e) sans connexion ?

Connaître vos points faibles vous permettra de **mettre en place des stratégies de contournement** dans le chapitre suivant.

7. Déterminer des indicateurs de réussite

Votre objectif est défini ? Parfait. Il vous faut maintenant déterminer **comment vous saurez que vous avancez dans la bonne direction.**

Indicateurs possibles :
- Nombre d'heures d'écran réduites par semaine.
- Nombre de soirées passées sans réseaux.
- Diminution du nombre de fois où vous ouvrez l'application.
- Amélioration de votre humeur, de votre sommeil, de votre concentration.
- Nombre d'activités retrouvées (lecture, sport, sorties…).

Tenez un **tableau de suivi** simple ou cochez vos réussites chaque soir. Cela crée un effet de satisfaction immédiate.

8. Ancrer l'objectif dans une dynamique positive

Évitez de formuler votre objectif en termes de privation ou d'interdiction :
- ✘ « Je ne dois plus aller sur TikTok. »
- ✘ « J'arrête complètement tous les réseaux. »

Préférez une **formulation en termes de choix, de gain, de priorité :**
- ☑ « Je choisis de passer plus de temps dans la vraie vie. »
- ☑ « Je veux retrouver mon calme intérieur et ma créativité. »

Plus votre objectif est **positif, personnel et constructif**, plus vous aurez envie de le suivre.

Définir un objectif réaliste et motivant, c'est **poser une intention claire** pour guider votre désintoxication numérique. C'est un engagement vis-à-vis de vous-même, ancré dans vos besoins réels, vos valeurs et votre désir de vivre autrement.

C'est à partir de cet objectif que vous pourrez bâtir, dans les sections suivantes, un plan d'action progressif, adapté et durable.

5.2 Mettre en place un plan progressif de réduction du temps d'écran

Réduire sa dépendance aux réseaux sociaux ne se fait pas en un claquement de doigts. Cela demande une **stratégie progressive, structurée et respectueuse de votre rythme personnel**. Comme pour toute forme de désintoxication comportementale, il ne s'agit pas de « tout couper » d'un coup, mais de **retrouver le contrôle, pas à pas**, à travers un plan d'action simple, réaliste et ajustable.

Dans cette section, vous allez découvrir **comment bâtir un plan progressif de réduction du temps d'écran**, avec des étapes concrètes, des techniques efficaces et des outils pratiques à appliquer au quotidien.

1. Pourquoi opter pour une approche progressive ?

Une erreur fréquente lorsqu'on veut changer une habitude, c'est d'adopter une **démarche trop radicale :**
- Supprimer toutes les applications,
- Couper toute connexion pendant plusieurs jours,
- S'imposer une déconnexion complète du jour au lendemain.

Si ces approches fonctionnent parfois à court terme, elles échouent souvent à long terme, car :
- elles provoquent des **frustrations importantes**,

- elles ne tiennent pas compte des usages professionnels ou sociaux,
- elles **ne traitent pas les causes profondes** de l'addiction.

Une approche progressive permet de :
- s'habituer au changement en douceur,
- créer de nouvelles habitudes positives,
- éviter les rechutes brutales,
- construire une nouvelle relation plus saine au numérique.

2. Étape 1 : Évaluer votre point de départ réel

Avant d'agir, vous devez **connaître votre consommation actuelle**, comme vu dans la section 4.4.

📊 **Utilisez :**
- les statistiques intégrées à votre téléphone (temps d'écran, nombre de déverrouillages),
- un journal de bord quotidien pendant 3 à 7 jours.

Notez :
- le **temps passé** sur chaque application,
- les **moments clés de connexion** (matin, pause, soirée…),
- les **déclencheurs** de chaque usage (stress, ennui, réflexe...).

☞ Cela vous permet de repérer les **zones à cibler en priorité**.

3. Étape 2 : Choisir une méthode de réduction

Il existe plusieurs approches possibles. À vous de choisir celle qui vous convient le mieux :

a. La réduction progressive par palier
- Chaque semaine, vous diminuez de 10 à 20 % votre temps d'écran moyen.
- **Par exemple :** si vous passez 3h/jour sur les réseaux, vous passez à 2h40 la semaine suivante, puis à 2h20…

✎ *Avantage* : souple, progressif, moins frustrant.

b. La méthode "zone blanche"

- Vous définissez des **plages horaires sans réseau** : matinée, après-midi, soirée...
- Exemple : « Pas de réseaux entre 8h et 10h, ni après 21h. »

📌 *Avantage* : améliore la concentration et le sommeil.

c. La méthode "journée off"

- Vous instaurez 1 journée par semaine **100 % sans réseaux**.
- Le dimanche ou une autre journée calme devient votre **journée de déconnexion.**

📌 *Avantage* : redonne du repos profond à l'esprit.

d. Le mode "usage conscient"

- Vous autorisez un usage limité, à des **moments précis et intentionnels.**
- Exemple : « Je me connecte à Instagram uniquement entre 12h30 et 13h, pendant 15 minutes. »

📌 *Avantage* : rééduque le rapport à la gratification immédiate.

4. Étape 3 : Fixer vos propres règles

Ces règles doivent impérativement **être claires, écrites et visibles.** Créez une **charte personnelle d'usage:**

☑ **J'autorise :**
- Une consultation des réseaux de 30 min par jour maximum.
- 2 plages horaires par jour : midi et fin d'après-midi.
- 1 story ou post par jour maximum.

🚫 **Je limite ou j'interdis :**
- Les connexions avant 9h et après 21h.
- Les scrollings automatiques sans but.
- Les notifications non essentielles.

Affichez ces règles :
- Sur votre bureau,
- En fond d'écran,

- Dans un carnet dédié,
- Ou sur un pense-bête physique.

5. Étape 4 : Utiliser des outils numériques d'aide

Le numérique peut aussi vous aider à vous réguler. Quelques **applications ou fonctionnalités utiles :**
- **Temps d'écran (iPhone)** ou **Bien-être numérique (Android)** : pour suivre vos habitudes.
- **Forest** : vous plantez un arbre virtuel quand vous restez éloigné de votre téléphone.
- **Focus To-Do, Pomodoro Timer** : pour travailler en sessions sans distraction.
- **Freedom, Cold Turkey, Stay Focused** : pour bloquer les apps durant certaines heures.
- **Desactiver les notifications** : une action simple mais puissante pour réduire les interruptions.

6. Étape 5 : Remplacer, ne pas juste supprimer

L'un des secrets de la réussite, c'est de **remplacer le comportement addictif par une alternative saine et gratifiante.** Ne vous contentez pas de couper : **remplissez l'espace libéré.**

Exemples :
- Remplacer le scrolling matinal par 10 minutes de respiration, d'écriture ou de lecture.
- Remplacer les pauses réseaux au travail par une courte marche, un thé, un étirement.
- Créer une liste d'activités ressourçantes (balade, dessin, musique, sport…) à faire dès qu'une envie de connexion apparaît.

☞ Ce remplacement évite le sentiment de vide et facilite l'installation de **nouvelles habitudes durables.**

7. Étape 6 : Évaluer les progrès chaque semaine

À la fin de chaque semaine, prenez 10 minutes pour faire le point :

- Qu'ai-je réussi cette semaine ?
- Quelles difficultés ai-je rencontrées ?
- Est-ce que je me sens mieux ? Moins stressé(e) ? Plus libre ?
- Dois-je ajuster mes règles pour la semaine suivante ?

Tenez un **journal de progression** : même une ou deux lignes par jour suffisent à renforcer votre conscience et votre engagement.

8. Étape 7 : Célébrer chaque progrès, même minime

Chaque réduction, chaque moment de présence retrouvée, chaque heure gagnée est une **victoire**. Même si vous n'avez réduit que de 15 minutes par jour au début, **c'est déjà un pas vers plus de liberté.**

Félicitez-vous :
- avec bienveillance,
- sans attendre la perfection,
- en valorisant chaque effort accompli.

Mettre en place un plan de réduction du temps d'écran, c'est **retrouver la maîtrise de son attention, de son énergie et de son temps.** C'est une démarche structurée, progressive, et surtout personnelle.

En avançant étape par étape :
- vous réapprenez à utiliser les réseaux **avec conscience,**
- vous reconstruisez une hygiène mentale et physique plus saine,
- vous ouvrez la voie à un équilibre numérique durable.

Dans la prochaine section, nous verrons comment **créer des routines protectrices** qui favorisent la déconnexion et nourrissent votre bien-être au quotidien.

5.3 Créer des routines alternatives et nourrissantes

Réduire son usage des réseaux sociaux n'est qu'une partie de la transformation. La durabilité d'un changement passe par le remplacement des habitudes numériques compulsives par des activités positives, régénérantes et enrichissantes. Il ne s'agit pas de combler un vide, mais de **reconnecter à des pratiques qui nourrissent**

véritablement l'esprit, le corps et les relations humaines. Cette section vous aidera à mettre en place des **routines alternatives**, à redonner du sens à vos temps libres, et à retrouver le plaisir d'être **présent à soi-même et au monde réel.**

1. Pourquoi les routines sont essentielles

Nos journées sont façonnées par des **rituels**, souvent inconscients. Se lever, allumer son téléphone, scroller, consulter ses notifications... deviennent des automatismes. Lorsqu'on cherche à modifier une habitude (comme l'usage compulsif des réseaux), il est crucial de **remplacer le vide laissé par une autre habitude.**

Les routines alternatives :
- créent de la stabilité,
- renforcent la discipline douce,
- structurent le temps,
- réduisent les tentations,
- nourrissent des besoins essentiels oubliés.

Elles ne doivent pas être rigides, mais **réalistes, simples, personnalisées et agréables.**

2. Créer une routine matinale sans écran

Le moment du réveil est souvent **capté par le téléphone**, ce qui conditionne la journée dans une **dépendance immédiate au flux numérique.**
Objectif : consacrer les **20 à 60 premières minutes de la journée sans écran**, pour retrouver un lien avec vous-même, votre environnement et vos intentions.
Exemples de routine matinale nourrissante :
- ⚙ Se lever sans téléphone (réveil classique conseillé),
- 🚿 Prendre une douche en pleine conscience,
- 📖 Écrire une page dans un carnet (gratitude, intentions, rêves...),
- 🧹 Faire quelques étirements ou mouvements doux,
- ☕ Prendre une boisson chaude, assis(e), en silence ou en musique apaisante,

- 📖 Lire un chapitre d'un livre ou écouter un podcast enrichissant,
- 🧘 Pratiquer 5 à 10 minutes de respiration ou de méditation.

💡 *Astuce : placez votre téléphone hors de portée au réveil pour éviter le réflexe d'ouverture.*

3. Instaurer des rituels de transition au cours de la journée

Les réseaux sociaux s'infiltrent dans **les interstices de la journée** : entre deux rendez-vous, à la pause déjeuner, dans les transports… Ces moments peuvent être l'occasion d'**ancrer des micro-routines régénérantes**.

Idées de rituels alternatifs :
- 🌿 5 minutes de respiration profonde ou de cohérence cardiaque,
- 🚶 Petite marche consciente autour du lieu de travail ou à l'extérieur,
- 🎧 Écoute attentive d'une chanson apaisante,
- ☕ Pause thé ou café sans écran, en observant l'environnement,
- 📓 Écriture d'une intention ou d'un ressenti dans un carnet.

Ces routines, même courtes, **interrompent le cycle automatique de la consultation numérique**, et recentrent l'attention.

4. Remplacer le temps d'écran par des activités physiques

Le corps est le grand oublié de la vie numérique. **L'activité physique régulière est l'un des antidotes les plus puissants à l'addiction** :
- Elle libère des endorphines,
- Elle réduit l'anxiété et la dépression,
- Elle améliore le sommeil et la concentration.

Activités simples à intégrer :
- 🚶 Marcher 30 minutes par jour, sans téléphone à la main,
- 🚴 Faire du vélo, du yoga ou de la natation,
- 🧘 Pratiquer le tai-chi, le pilates ou une danse libre,

- 🏋 Rejoindre un groupe sportif ou une activité collective (sans lien avec les écrans).

💡 *Planifiez ces activités comme des rendez-vous fixes dans la semaine, au même titre qu'un appel important.*

5. Nourrir la vie sociale réelle

Les réseaux sociaux procurent l'illusion de connexion, mais souvent au détriment des relations réelles. Une routine alternative efficace consiste à **revaloriser les interactions physiques, chaleureuses et spontanées.**

Suggestions concrètes :
- Appeler une personne proche à la place de lui écrire,
- Proposer une rencontre en face à face (même courte),
- Organiser un déjeuner, une promenade ou un café sans téléphone,
- Rejoindre un club, un cercle de lecture, une activité de groupe.

👥 *Créez des moments de qualité relationnelle sans médiation numérique : le lien humain est l'un des meilleurs remèdes à la dépendance sociale virtuelle.*

6. Cultiver la créativité et l'expression personnelle

La consommation numérique est souvent passive. Réactivez votre capacité à créer, imaginer, construire pour retrouver un équilibre.

Idées d'activités créatives :
- ✍ Écriture libre, poèmes, journal intime,
- 🎨 Dessin, peinture, collage, calligraphie,
- 🎼 Musique, chant, composition,
- 📷 Photographie en pleine conscience (sans intention de publier),
- 🍳 Cuisine créative, artisanat, jardinage…

✂ *L'objectif n'est pas la performance, mais la reconquête de la spontanéité créative.*

7. Mettre en place une routine de soirée déconnectée

La soirée est un moment clé : le **temps de repos** est souvent envahi par l'écran, ce qui nuit au sommeil et empêche une véritable récupération mentale.

Exemple de routine du soir :
- 🖥 Éteindre les écrans 1h avant le coucher,
- 🕯 Créer une ambiance calme (lumière tamisée, musique douce),
- 📖 Lire quelques pages d'un livre papier,
- 📓 Écrire un mot de gratitude ou un bilan de la journée,
- 🧘 Faire un scan corporel ou une méditation guidée.

Cette routine améliore la qualité du sommeil et prépare une journée plus équilibrée.

8. Construire votre propre routine hebdomadaire

L'idée n'est pas de tout changer en un jour, mais de construire **progressivement une nouvelle structure de vie**, où les écrans ne sont plus au centre.

📅 Créez un **planning hebdomadaire** dans lequel vous intégrez :
- Vos moments d'activité physique,
- Vos temps de déconnexion,
- Vos rituels de créativité ou de calme,
- Vos plages de socialisation réelle.

Commencez petit : une ou deux routines par jour suffisent au début. Puis, **laissez ces habitudes se consolider**.

Créer des routines alternatives et nourrissantes, c'est **remettre du sens et de la vitalité dans vos journées**. C'est réinvestir votre attention, votre temps et votre énergie dans des activités qui vous font du bien, vous reconnectent à vous-même, aux autres et au réel.

Ce n'est pas une contrainte, mais une libération :

Moins de réseaux sociaux, c'est plus de vie réelle, plus de clarté, plus de liberté. Dans la prochaine section, nous verrons **comment faire face aux rechutes**, aux envies de retour compulsif, et comment maintenir le cap sur le long terme avec bienveillance et souplesse.

5.4 Gérer les envies de retour et éviter les rechutes

Changer une habitude ancrée comme l'usage excessif des réseaux sociaux n'est pas un processus linéaire. Il s'accompagne de **doutes, de tentations, de phases de retour en arrière**. Ces « rechutes » ne sont pas des échecs, mais des composantes normales du parcours. L'essentiel n'est pas d'éviter toute imperfection, mais d'apprendre à **reconnaître les moments critiques, à comprendre ses mécanismes de rechute, et à se remettre sur les rails avec bienveillance**.

Dans cette section, vous découvrirez :
- pourquoi les envies de retour apparaissent,
- comment les accueillir sans panique ni culpabilité,
- des stratégies concrètes pour les dépasser,
- et des outils pour ancrer durablement le changement.

1. Comprendre le cycle de rechute

Une rechute n'est pas un accident aléatoire : elle répond à un **cycle identifiable** :
1. **Déclencheur** : stress, ennui, solitude, fatigue, habitude…
2. **Envie** : impulsion de consulter une application ou de publier.
3. **Rationalisation** : « Juste 5 minutes », « Je vais vérifier un truc rapide… »
4. **Comportement** : connexion, usage, perte de contrôle.
5. **Retombées** : déception, culpabilité, perte de motivation.
6. **Répétition** : cycle relancé par la frustration.

🕑 Comprendre ce schéma vous permet d'agir **avant l'étape 4**, là où vous avez encore le plus de liberté de choix.

2. Identifier vos situations à risque

Faites la liste de vos **scénarios à haut risque**, c'est-à-dire les contextes dans lesquels vous êtes le plus susceptible de craquer :

- Les moments d'ennui ou d'attente (transports, pauses…),
- Les fins de journée quand la fatigue est présente,
- Les périodes de stress intense ou de surcharge mentale,
- Les week-ends sans programme clair,
- Le soir au coucher, seul dans le lit,
- Les émotions inconfortables (tristesse, colère, vide…).

🔑 *Reconnaître ces moments, c'est pouvoir les anticiper. Prévoir une alternative ou une stratégie d'évitement permet d'éviter la rechute passive.*

3. Observer l'envie sans agir immédiatement

Une stratégie très puissante consiste à **différer l'impulsion**. Lorsqu'une envie de vous connecter survient :

- **Arrêtez-vous.**
- **Notez l'envie.**
- **Respirez profondément.**
- Dites-vous : *« Ce n'est qu'une envie. Elle va passer. Je n'ai pas à lui obéir. »*

💡 Astuce : réglez une minuterie de 3 à 5 minutes. Si, au bout de ce délai, l'envie est toujours forte, vous décidez en conscience. Souvent, l'impulsion s'évanouit d'elle-même.

4. Créer un "kit de secours" pour moments critiques

Préparez à l'avance un **plan d'urgence anti-rechute**. Lorsque l'envie monte, vous pouvez activer un ou plusieurs de ces éléments :

- 📖 Lire une page d'un carnet de motivation que vous avez écrit (bénéfices de la déconnexion).
- 🧘 Respirer 10 fois profondément.
- 📞 Appeler ou envoyer un message à un proche pour briser l'isolement.
- 📖 Lire 2 pages d'un livre captivant.
- 🚶 Sortir faire un tour de 5 minutes, même autour de la maison.
- 🎧 Écouter une chanson ou un podcast inspirant.

Ce kit agit comme une **interruption du comportement automatique.**

5. Reprogrammer les déclencheurs

Les réseaux sociaux sont souvent liés à **des automatismes de contexte** : on allume son téléphone → on ouvre l'application → on scrolle.

Pour casser ces automatismes :
- **Changez l'ordre des icônes** sur votre téléphone.
- **Placez les applis en dossier, avec mot de passe ou écran noir.**
- **Désactivez les notifications visuelles et sonores.**
- Utilisez un écran d'accueil minimaliste.

Ces micro-changements réduisent la tentation en **rendant l'accès moins immédiat.**

6. Tenir un journal de rechute et de reprise

Chaque fois que vous replongez dans un usage excessif, notez :
- Ce qui s'est passé (quand, comment, pourquoi ?),
- Ce que vous ressentez (culpabilité ? soulagement ? fatigue ?),
- Ce que vous pourriez faire différemment la prochaine fois.

@ **Objectif** : transformer la rechute en **source d'apprentissage**, non en source de honte.

À l'inverse, notez également vos victoires :
- Une soirée sans réseaux,
- Une envie dépassée,
- Un moment de présence retrouvée.

La **conscience des réussites** renforce l'envie de persévérer.

7. Pratiquer l'auto-bienveillance

Face à une rechute, évitez les discours durs du type :

- « Je suis nul(le) », « Je ne tiendrai jamais », « Je gâche tout ».

Remplacez-les par des phrases plus soutenantes :
- « C'était difficile aujourd'hui, je fais de mon mieux. »
- « Je n'ai pas échoué, je suis en chemin. »
- « Chaque reprise est une preuve que je choisis de me relever. »

La **compassion envers soi-même est un facteur clé de résilience.**

8. Réajuster votre plan sans vous décourager

Si vous rechutez régulièrement, cela ne signifie pas que vous êtes incapable de changer, mais que :
- votre plan est peut-être trop ambitieux,
- certaines plages horaires sont mal protégées,
- vos motivations ne sont pas assez ancrées dans le quotidien.

💡 Reprenez vos objectifs initiaux et **ajustez-les :**
- Réduisez la contrainte,
- Renforcez les motivations positives,
- Renouvelez vos routines de substitution.

Le plan de désintoxication numérique **doit évoluer avec vous,** pas contre vous.

9. S'entourer et demander du soutien

Ne luttez pas seul(e). Partager votre démarche avec une personne de confiance permet :
- de **vous sentir soutenu(e),**
- d'échanger vos réussites et vos blocages,
- d'avoir un effet miroir sur vos comportements.

Créez un « contrat moral » avec un ami, un partenaire ou un proche :
- Fixez un objectif ensemble,
- Faites un point chaque semaine,
- Célébrez vos avancées mutuelles.

☞ Le soutien social renforce l'engagement personnel.

Gérer les envies de retour et éviter les rechutes, c'est **développer une posture souple, lucide et bienveillante.** Le succès ne se mesure pas à l'absence d'écarts, mais à **votre capacité à vous remettre en route,** encore et encore. Plus vous acceptez que le processus soit imparfait, plus vous avancerez avec **paix et persévérance.** Chaque envie dépassée, chaque rechute comprise, chaque habitude remplacée vous rapproche de **la liberté intérieure que vous cherchez à retrouver.**

Dans le prochain chapitre, nous verrons comment **ancrer les résultats obtenus sur le long terme,** afin que la déconnexion consciente devienne une habitude de vie durable.

CHAPITRE 6 : Vivre avec le numérique sans en être prisonnier

6.1 Construire une hygiène numérique durable

Avoir réussi à réduire son usage des réseaux sociaux est une étape précieuse. Mais le vrai défi commence maintenant : **ancrer ce changement dans la durée.** Sans stratégie de maintien, les anciennes habitudes peuvent revenir progressivement, surtout dans les périodes de fatigue, de stress ou de relâchement. C'est pourquoi il est crucial de construire une **hygiène numérique durable,** c'est-à-dire un ensemble de pratiques régulières, conscientes et protectrices, qui vous permettent d'utiliser les outils numériques **sans en devenir esclave.**

Dans cette section, nous verrons comment mettre en place des **règles de vie numériques équilibrées,** comment maintenir l'attention consciente au quotidien, et comment vivre pleinement dans un monde connecté… sans être constamment happé.

1. Qu'est-ce que l'hygiène numérique ?

Par analogie avec l'hygiène corporelle ou alimentaire, l'hygiène numérique désigne :
- une manière saine d'utiliser les outils numériques,
- un équilibre entre usage utile, usage récréatif et temps de déconnexion,
- une régulation volontaire des interactions avec les écrans et les plateformes.

Une bonne hygiène numérique vise à :
- préserver la santé mentale et physique,
- protéger l'attention et le sommeil,
- maintenir une vie sociale réelle de qualité,

- favoriser une vie intérieure riche et autonome.

2. Réduire le bruit numérique

L'un des premiers leviers pour ancrer durablement une bonne hygiène est de **réduire le bruit numérique** qui vous entoure.

Quelques actions simples mais puissantes :
- **Désactiver toutes les notifications non essentielles** : réseaux, mails, jeux, promotions…
- **Nettoyer vos abonnements** : ne garder que les comptes qui vous inspirent ou vous enrichissent vraiment.
- **Désinstaller les applications inutilisées ou trop distrayantes.**
- **Limiter l'accès rapide aux applis les plus addictives** (les placer dans un dossier éloigné, supprimer les raccourcis…).

💡 Moins de sollicitations = plus de contrôle sur ce que vous consommez.

3. Instaurer des temps sans écran dans la journée

Pour préserver votre attention et votre énergie, instaurez des moments fixes sans écran, à considérer comme sacrés.

Exemples de créneaux :
- Les 30 premières minutes après le réveil,
- La pause déjeuner (sans téléphone),
- Les 60 minutes avant de dormir,
- Une soirée par semaine sans écrans,
- 1 demi-journée du week-end totalement hors ligne.

✍ Ces espaces de silence numérique vous reconnectent à votre environnement, à vos émotions, et à vos relations.

4. Revenir au corps et aux sens

Le numérique nous coupe souvent de notre corps : position statique, regard figé, respiration courte. Une bonne hygiène numérique implique de **réintégrer des routines corporelles et sensorielles**, pour éviter la dissociation mentale.

Activités recommandées :
- Marcher sans téléphone, en observant autour de soi,
- Pratiquer des respirations profondes régulières,
- Prendre un temps quotidien pour ressentir (goûter, toucher, écouter, contempler...),
- Bouger entre chaque période de travail devant un écran.

🎯 Objectif : **ancrer la conscience dans le présent**, pas dans le flux digital.

5. Tenir un journal de bord de son rapport au numérique

Tenir un **journal simple** (papier ou numérique) permet de garder une attention continue à son usage.

Chaque jour ou chaque semaine, vous pouvez noter :
- Combien de temps d'écran vous avez eu,
- Comment vous vous êtes senti(e) après,
- Les moments où vous avez cédé à la tentation... ou su résister,
- Les activités alternatives que vous avez appréciées,
- Ce que vous avez appris ou compris sur vous-même.

📖 Le journal crée un **dialogue intérieur régulier** qui entretient votre motivation et votre vigilance.

6. Créer un rituel de "reset numérique" hebdomadaire

Une fois par semaine, consacrez 30 à 60 minutes à faire un **nettoyage numérique :**
- Supprimer les notifications, messages ou contenus inutiles,
- Organiser vos fichiers, photos, documents,
- Trier vos abonnements, applications, listes de lecture,
- Planifier les moments de déconnexion à venir,
- Noter les dérives observées dans la semaine.

Ce rituel agit comme un **entretien mental** qui évite l'encombrement numérique et renforce votre autonomie.

7. S'interroger régulièrement : suis-je aligné ?

L'un des piliers d'une hygiène durable, c'est **l'auto-réflexion régulière**. Chaque mois, ou chaque fin de semaine, posez-vous quelques questions :

- Mon usage des réseaux cette semaine m'a-t-il servi ou desservi ?
- Qu'est-ce que je veux cultiver dans ma vie (calme, créativité, lien réel…) ?
- Est-ce que mon usage actuel me rapproche ou m'éloigne de cette intention ?
- Ai-je utilisé les réseaux comme un outil… ou comme un refuge automatique ?

Ces questions simples vous ramènent à **votre intention initiale**, à ce que vous voulez vraiment vivre, et non à ce que les algorithmes vous poussent à consommer.

8. Reconnecter au sens

L'une des meilleures protections contre la rechute dans l'addiction, c'est **le sens**.

Posez-vous régulièrement :
- Pourquoi suis-je ici ? Qu'est-ce qui compte vraiment pour moi ?
- Quel type de vie j'ai envie de construire ?
- Qu'est-ce que je veux transmettre, créer, partager dans ce monde ?

Plus vous êtes connecté à un **projet, une vision ou une mission de vie**, plus votre esprit devient imperméable aux distractions futiles.

@ Un esprit nourri par le sens est moins vulnérable au vide numérique.

9. Partager votre démarche

Vivre une transformation seule est souvent plus difficile. N'hésitez pas à :

- Partager vos objectifs avec un ami,
- Échanger autour du numérique dans votre entourage,
- Proposer des temps collectifs sans écrans,
- Témoigner de votre expérience sur des forums ou groupes de discussion.

La **dimension sociale et collective** renforce votre engagement et peut inspirer d'autres personnes à faire de même.

10. Rappeler que l'objectif n'est pas la perfection

Avoir une hygiène numérique durable, ce n'est pas vivre sans technologie. C'est **vivre avec, mais avec clarté, conscience et liberté.**

Il y aura des moments de dérive, de retour aux anciens réflexes. C'est tout à fait naturel. Ce qui compte, c'est :

- d'y revenir avec lucidité,
- de réajuster sans culpabilité,
- de rester fidèle à votre intention de mieux vivre.

💬 Comme pour l'alimentation ou le sommeil, l'équilibre se construit dans la **régularité bienveillante**, pas dans la rigidité ou l'extrême.

Construire une hygiène numérique durable, c'est apprendre à **vivre dans le monde connecté sans s'y perdre.** C'est choisir chaque jour de préserver son attention, son temps, sa paix intérieure. Ce n'est pas fuir la technologie, mais **en reprendre la maîtrise**, pour qu'elle redevienne un outil au service de votre vie, et non l'inverse.

Dans la prochaine section, nous verrons comment prolonger cette démarche sur le long terme, et **rester vigilant face aux nouvelles formes de dépendance digitale.**

6.2 Maintenir le cap sur le long terme : vigilance et souplesse

Changer son rapport aux réseaux sociaux demande du courage et de l'implication. Mais une fois la réduction de l'usage amorcée, une question essentielle se pose : **comment ne pas retomber dans les anciens schémas ?** Comment faire pour que le changement ne soit pas juste temporaire, mais **durable** et **aligné avec vos aspirations profondes** ?

La réponse réside dans l'équilibre subtil entre **vigilance active** et **souplesse mentale**. Trop de rigidité génère de la frustration. Trop de laxisme favorise les rechutes. Cette section vous aidera à construire une **attitude stable et flexible,** capable de faire face aux fluctuations naturelles du quotidien tout en restant fidèle à vos nouvelles habitudes numériques.

1. Comprendre que le changement durable est un processus

Le changement ne s'arrête pas au moment où vous avez réduit votre temps d'écran. Ce n'est pas une action ponctuelle, mais un **cheminement évolutif.**

Au fil du temps :
- Votre motivation initiale peut s'émousser.
- De nouveaux stress ou contraintes peuvent réactiver les anciens réflexes.
- L'environnement numérique évolue constamment (nouvelles applis, tendances, fonctions…).

C'est pourquoi le changement durable repose non pas sur une **décision unique**, mais sur une **dynamique continue d'ajustement.**

2. Développer une vigilance douce

La vigilance, dans le contexte du numérique, signifie **rester conscient** de ses habitudes, de ses tentations, et des signaux d'alerte.

Signes d'un retour possible dans les anciens schémas :
- Augmentation subite du temps d'écran,
- Reprise des gestes réflexes (ouvrir Instagram sans raison),

- Réapparition de la FOMO (peur de manquer),
- Baisse de concentration ou de qualité de sommeil.

🎯 L'objectif n'est pas de s'alarmer à la moindre dérive, mais de **reconnaître rapidement les glissements** pour ajuster avec bienveillance.

3. Intégrer des bilans réguliers dans votre routine

Planifiez des **points de vérification hebdomadaires ou mensuels**. Ces moments de pause permettent de faire le point, avec lucidité mais sans jugement.

Questions à se poser :
- Mon usage du numérique est-il redevenu automatique ?
- Est-ce que je respecte mes temps de déconnexion ?
- Qu'est-ce que j'ai gagné ce mois-ci grâce à mon nouveau rapport aux écrans ?
- Est-ce qu'une nouvelle dépendance est en train de se former (YouTube, TikTok, jeux, etc.) ?

📝 Prenez quelques minutes pour écrire vos réponses. Ce rituel simple renforce la conscience et alimente votre motivation.

4. Rester souple : éviter le piège de la rigidité

Certaines personnes tombent dans **l'excès inverse** : vouloir contrôler leur usage au point de se priver de toute flexibilité. Cela peut générer :
- frustration,
- isolement social,
- découragement.

La clé est de rester souple et adaptatif**, tout en gardant votre cap global :**
- Si vous avez un imprévu et que vous utilisez plus les réseaux un jour, compensez le lendemain.
- Si vous êtes en vacances, assouplissez vos règles mais gardez une intention claire.
- Si vous replongez un moment, reprenez simplement dès le lendemain, sans culpabilité.

Le changement durable repose sur la constance, pas sur la perfection.

5. Se réengager régulièrement

Même si vous avez posé une intention forte au départ, il est utile de la **réactiver régulièrement**.

Chaque mois, ou à chaque début de semaine :
- Relisez votre intention écrite.
- Reformulez un objectif à court terme.
- Visualisez les bénéfices que vous souhaitez conserver (calme, clarté, concentration, temps libre…).

@ Cela permet de **remettre du sens dans votre pratique quotidienne**.

6. Recréer des sources de motivation

Sur le long terme, la motivation initiale peut s'affaiblir. Il est donc important de :
- découvrir de **nouvelles activités** qui vous nourrissent (sport, lecture, créativité…),
- partager votre parcours avec d'autres (groupes de discussion, proches…),
- consommer des contenus qui soutiennent votre choix (livres, podcasts, vidéos sur la sobriété numérique…),
- vous fixer des défis personnels stimulants (24h sans téléphone, une journée nature, une semaine sans réseaux…).

♀ La diversité des sources de motivation empêche l'ennui et relance la dynamique.

7. Adapter votre environnement pour limiter les tentations

Votre environnement joue un rôle clé dans la pérennité du changement. Adaptez-le à vos objectifs :
- Placez votre téléphone hors de la chambre la nuit.
- Créez un coin lecture ou écriture sans écran.
- Désactivez les notifications des applis de distraction.

- Prévoyez des zones de la maison « sans technologie ».
- Installez des rappels visuels (post-it, images, citations) pour rester centré.

✎ Un environnement clair soutient des décisions claires.

8. Anticiper les périodes à risque

Certaines périodes sont plus propices aux rechutes :
- fatigue accumulée,
- surcharge émotionnelle ou mentale,
- vacances désorganisées,
- moments de solitude ou de vide existentiel.

Préparez des **stratégies de prévention spécifiques** :
- Programmer des activités réelles pendant les temps libres,
- Réduire volontairement les temps d'écran avant les périodes sensibles,
- Parler de vos intentions avec votre entourage,
- Revenir temporairement à un plan plus structuré (temps d'écran, journaling…).

☞ L'anticipation réduit le risque de glissement passif.

9. Accueillir les écarts comme des occasions d'apprentissage
Les rechutes font partie du processus. Ce qui fait la différence, c'est la manière dont vous y réagissez.

Plutôt que de vous blâmer, demandez-vous :
- Qu'est-ce qui m'a poussé(e) à replonger ?
- Qu'est-ce que je ressentais ?
- Quelle réponse alternative j'aurais pu mobiliser ?
- Que puis-je faire pour ajuster mon plan ?

◉ Chaque écart devient une **leçon utile** pour consolider votre autonomie.

10. Célébrer la liberté retrouvée

N'oubliez pas de célébrer régulièrement les bienfaits acquis :

- plus de temps libre,
- plus de calme mental,
- meilleure concentration,
- plus de présence dans vos relations,
- plus de clarté dans vos choix.

La célébration vous permet de **réaliser que votre effort a du sens**, et vous aide à entretenir l'envie de continuer.

Maintenir le cap sur le long terme, c'est rester fidèle à vous-même, avec **vigilance douce, adaptabilité, et bienveillance**. Ce n'est pas une question de volonté stricte, mais de **conscience renouvelée et d'intention vivante**.

Vous avez appris à désamorcer une dépendance. Vous apprenez maintenant à cultiver la liberté.

Et cela, **jour après jour**, est la plus belle victoire intérieure.

Dans la prochaine section, nous verrons comment rester vigilant face à **de nouvelles formes d'addiction numérique**, qui peuvent prendre d'autres visages : jeux mobiles, plateformes de streaming, notifications permanentes…

6.3 Cyberdépendances : restons attentifs

L'addiction aux réseaux sociaux est aujourd'hui largement reconnue, mais elle n'est qu'une **manifestation parmi d'autres** d'un phénomène plus large : **la dépendance numérique**. Une fois qu'un utilisateur a réussi à réduire son temps sur Instagram, Facebook ou TikTok, il peut être tenté — consciemment ou non — de transférer cette dépendance vers **d'autres plateformes ou comportements numériques** tout aussi chronophages et impactants.

Dans cette section, nous allons explorer les **nouvelles formes d'addictions digitales**, les **stratégies d'évitement inconscientes**, et les **moyens de rester vigilant et libre**, sans sombrer dans un nouveau cycle de consommation excessive.

1. Le piège du transfert de dépendance

Lorsqu'une personne cesse ou réduit son usage des réseaux sociaux, elle ressent souvent :
- un vide,
- une frustration,
- un besoin de compenser.

C'est à ce moment-là que le cerveau peut **se tourner vers une autre source de distraction ou de gratification rapide.**

Prenons le cas de :
- Passer du scrolling de réseaux au **binge-watching** sur YouTube ou Netflix,
- Remplacer les « likes » par les **notifications de jeux mobiles**,
- Se plonger dans des **applications d'actualités** sans fin,
- Multiplier les **achats en ligne** pour compenser l'ennui ou le stress,
- Devenir accro à la **surveillance des chiffres** (followers, vues, statistiques…).

La dépendance ne disparaît pas si elle est seulement déplacée. Elle doit être comprise à sa racine.

2. Identifier les nouvelles sources de dépendance

Quelques-unes des **formes modernes d'addiction numérique** les plus répandues :

a. Les plateformes de streaming (Netflix, YouTube, Twitch...)
- Fonctionnement basé sur la lecture automatique (« autoplay »),
- Surcharge de contenu sans fin,
- Algorithmes qui recommandent du contenu personnalisé très engageant.

Impact : plusieurs heures peuvent passer **sans qu'on s'en rende compte.**

b. Les jeux mobiles et en ligne

- Forts mécanismes de récompense (niveaux, cadeaux, points),
- Notifications fréquentes pour revenir jouer,
- Impression d'« utilité » ou de progression… mais au détriment du temps réel.

c. L'information en continu
- Scroll infini de news, souvent anxiogènes,
- Multiplication des sources et des points de vue contradictoires,
- Sensation de « devoir être informé en temps réel ».

Cela crée une forme de **dépendance à l'actualité**, au détriment du recul.

d. Les messageries et groupes de discussion
- Accès permanent aux autres : SMS, WhatsApp, Messenger, Telegram…
- Notifications constantes, attentes de réponse rapide,
- Sentiment de pression à être disponible.

3. Les caractéristiques communes de ces dépendances

Malgré leurs différences, ces formes de dépendance numérique partagent des **caractéristiques clés** :
- Elles exploitent les **mécanismes de récompense du cerveau** (dopamine),
- Elles créent des **routines d'évitement** (fuite de l'ennui, du stress, de la solitude),
- Elles entraînent une **perte de temps et d'énergie mentale**,
- Elles deviennent rapidement **automatiques et invisibles**,
- Elles favorisent la **dispersion de l'attention** et la **baisse de la concentration**.

☞ **Ce n'est pas l'outil qui est toxique, mais la manière dont il est utilisé par l'utilisateur.**

4. Apprendre à repérer les signaux faibles

Pour éviter de retomber dans une nouvelle dépendance, il est essentiel d'être attentif aux **signes précurseurs** :

- Vous ressentez le besoin d'ouvrir une app dès que vous avez 30 secondes de pause ?
- Vous avez du mal à vous concentrer sans consulter un écran ?
- Vous vous surprenez à passer d'une plateforme à une autre sans but précis ?
- Vous sentez une agitation intérieure dès que vous restez trop longtemps sans téléphone ?
- Vous justifiez souvent vos usages en disant « ça me détend » ou « je contrôle »… alors que ce n'est plus vrai ?

🎯 Ces micro-signaux sont vos **principaux indicateurs** pour réajuster votre comportement avant de retomber dans un usage excessif.

5. Cultiver la conscience de ses intentions

Pour rester libre, posez-vous régulièrement la question :

Pourquoi suis-je en train d'utiliser cette application ?
Est-ce :
- Pour apprendre quelque chose ?
- Pour me distraire consciemment ?
- Pour me fuir ? Me remplir ? M'endormir mentalement ?

💡 *Rester connecté à ses intentions permet de transformer un usage passif en usage actif et conscient.*

6. Mettre en place des règles transversales

En lieu et place de contrôler chaque plateforme individuellement, instaurez **des règles générales applicables à tous vos usages numériques** :
- **Limiter le nombre d'heures d'écran par jour**, quel que soit le type de contenu,
- **Éviter les écrans en début et fin de journée**, quelle que soit l'application,
- **Mettre en place des temps sans téléphone**, même hors réseaux sociaux,
- **Interdire l'usage d'écran pendant les repas, les discussions, les pauses réelles.**

⚡ Cela vous protège **globalement**, sans avoir à surveiller chaque app une à une.

7. Explorer des sources de plaisir alternatives

La dépendance numérique prospère dans le vide. Pour éviter qu'elle ne se transforme, vous devez :
- **Nourrir d'autres formes de plaisir**, plus durables et équilibrantes,
- Réactiver des activités oubliées : nature, musique, lecture, écriture, sport, création, conversation…

♀ Plus vous êtes nourri intérieurement, moins vous cherchez à **combler artificiellement vos besoins** par l'écran.

8. Rester curieux des nouvelles tentations numériques

Chaque année, de nouvelles formes de contenu ou d'applications apparaissent. Les plus connues :
- Les réseaux vocaux (ex. : Clubhouse),
- Les formats courts addictifs « Reels », « Shorts »,
- Les assistants IA interactifs,
- Les « métaverses » ou expériences immersives.

🖐 Plutôt que de les rejeter ou de les adopter sans filtre, adoptez une posture de **curiosité critique** :
- Est-ce que cela m'apporte quelque chose ?
- Est-ce que cela améliore ou nuit à mon équilibre ?
- Suis-je acteur ou spectateur passif dans cet usage ?

9. Partager ses prises de conscience

Parler de ses découvertes, de ses limites, de ses tentations avec des proches ou des groupes bienveillants permet de :
- **normaliser le sujet**,
- éviter l'isolement,
- recevoir du soutien ou des idées pratiques,
- et rester inspiré par d'autres expériences.

Créer une **écologie numérique collective** est souvent plus puissant que de lutter seul.

10. Revenir au cap initial

Rappelons l'essentiel : le but n'est pas de tout contrôler, mais de **vivre libre, lucide et aligné**.

Revenir régulièrement à votre cap vous permet de :
- vous recentrer,
- éviter les détours inutiles,
- garder la boussole intérieure allumée.

✧ **Interrogez-vous sur :** *Est-ce que ce que je fais maintenant me rapproche ou m'éloigne de la vie que je veux vraiment vivre ?*

Les nouvelles formes d'addiction numérique sont nombreuses, évolutives et souvent masquées. Mais en restant **attentif, curieux, connecté à vos intentions profondes**, vous pouvez garder une **maîtrise consciente de votre vie numérique**.

Votre liberté ne dépend pas de la technologie, mais de la **qualité de votre présence à vous-même**, dans chacun de vos choix.

Dans la prochaine section, nous verrons comment faire du numérique un **outil au service de vos valeurs**, de votre créativité, de votre engagement — et non une distraction permanente.

6.4 Numérique : s'en servir, pas s'y appuyer

Après avoir identifié les risques liés à l'usage excessif des réseaux sociaux et aux nouvelles formes de dépendance digitale, une question fondamentale demeure : **comment intégrer le numérique de manière saine, utile et alignée avec nos valeurs ?** Car il ne s'agit pas de diaboliser la technologie, ni de chercher à la fuir totalement, mais d'apprendre à l'**utiliser comme un outil au service de la vie**, et non comme une **béquille émotionnelle ou une échappatoire constante**.

Dans cette section, nous verrons comment faire du numérique un **levier de croissance**, de créativité, de lien ou de productivité, sans en devenir dépendant. Nous parlerons de posture intérieure, d'intention, de sélection consciente, et de bonnes pratiques concrètes à adopter pour que le numérique **devienne un allié, et non un maître.**

1. Comprendre la différence entre outil et béquille
Un **outil** est utilisé de manière consciente, pour atteindre un objectif précis. Il est activé, puis rangé. Il ne prend de place que lorsqu'il est nécessaire.

Une **béquille**, en revanche, est utilisée comme un soutien permanent :
- Elle compense une fragilité ou une peur,
- Elle devient un automatisme,
- Elle empêche de développer d'autres ressources plus solides.

🐾 *Le problème n'est pas l'usage en soi, mais la* **fonction que remplit l'outil numérique** *dans votre quotidien.*

2. Se poser la bonne question avant chaque utilisation

Une pratique simple pour garder une relation saine au numérique consiste à **interroger votre intention avant chaque connexion :**

Pourquoi j'ouvre cette application ?
- Est-ce pour me divertir consciemment ?
- Pour apprendre ?
- Pour créer ?
- Pour fuir un inconfort ?
- Par réflexe ?

💡 En ramenant de la **présence à votre geste**, vous transformez un usage inconscient en action choisie.

3. Utiliser les outils numériques pour vos projets de vie

Une manière puissante de redonner du sens au numérique est de l'utiliser pour **nourrir vos aspirations profondes**.

On peut citer :
- 🎓 Suivre des formations en ligne pour développer vos compétences,
- ✍ Écrire et partager vos idées sur un blog ou une newsletter,
- 🎨 Créer et diffuser du contenu artistique (photos, vidéos, musique…),
- 📚 Accéder à des ressources éducatives, inspirantes ou spirituelles,
- 🗓 Gérer vos projets personnels avec des outils d'organisation (Notion, Trello, Evernote…),
- ❤ Entretenir des relations de qualité avec des personnes ressources.

☑ *Quand le numérique est mis au service de votre mission personnelle, il devient un prolongement de votre créativité et de votre engagement.*

4. Créer au lieu de consommer

La majorité des usages numériques sont **passifs** : lecture, visionnage, scrolling… Or, la passivité alimente la dépendance.

À l'inverse, la **création numérique active** renforce :
- la confiance en soi,
- l'expression personnelle,
- le sens,
- la connexion à sa propre voix.

☞ Exemples d'usages créatifs :
- Écrire un article ou un post de fond au lieu de publier un selfie,
- Enregistrer un podcast ou une capsule vidéo utile,
- Concevoir un projet de mini-formation ou d'atelier en ligne,
- Faire du montage vidéo ou photo avec une intention artistique.

✬ *Passez du mode consommateur au mode **acteur**.*

5. Être sélectif dans les plateformes et contenus utilisés

Toutes les plateformes numériques n'ont pas la même valeur. Certaines alimentent l'addiction, d'autres nourrissent la conscience.

Prenez le temps de **faire le tri** :
- Désabonnez-vous des contenus qui vous vident ou vous irritent,
- Ne suivez que les comptes qui vous inspirent, vous informent, vous élèvent,
- Choisissez des plateformes qui soutiennent vos objectifs (apprentissage, échange, création…),
- Évitez les formats trop courts, impulsifs ou générateurs de comparaison.

🐞 *Votre attention est votre ressource la plus précieuse : ne la dilapidez pas.*

6. Créer un cadre clair pour l'usage professionnel

De plus en plus d'activités professionnelles passent par le numérique. Pour éviter que cela ne devienne une source de confusion ou d'envahissement, il est important de :
- Définir des horaires de travail numérique clairs,
- Séparer les outils pro et perso autant que possible,
- Planifier des temps de réponse aux messages et mails,
- Utiliser des outils de productivité qui vous aident à aller à l'essentiel.

💡 Le numérique peut être un accélérateur de performance — **à condition de le structurer.**

7. Se reconnecter à l'humain par le numérique

L'un des plus beaux usages du digital est de **favoriser les échanges humains profonds**, notamment lorsque la distance géographique est là.

Utilisez les outils numériques pour :

- Entretenir des relations sincères et régulières (appels vidéo, messages vocaux, lettres numériques…),
- Créer des cercles de soutien, d'amitié ou de co-développement,
- Participer à des projets collectifs, militants, créatifs, associatifs.

⊕ Le numérique peut relier **si vous y mettez l'intention du cœur.**

8. Intégrer le numérique dans une écologie de vie globale

Votre rapport au numérique doit s'inscrire dans une **vision plus large de votre équilibre de vie** :
- Avez-vous assez de temps en nature ?
- Avez-vous des moments de silence ?
- Prenez-vous soin de votre corps, de votre alimentation, de votre sommeil ?
- Avez-vous des activités qui ne dépendent pas d'un écran ?

Plus vous construisez une vie riche et nourrissante **hors ligne**, plus votre usage en ligne devient mesuré, qualitatif et apaisé.

9. Créer un « manifeste personnel du numérique »

Une pratique symbolique puissante consiste à écrire votre **code d'usage numérique personnel** :
- J'utilise le numérique pour apprendre, créer, échanger, mais pas pour fuir.
- Je choisis les plateformes qui servent mon développement.
- Je respecte des temps de déconnexion pour préserver mon attention.
- Je garde la main sur mes choix : ce n'est pas l'algorithme qui décide.

📝 Relisez ce manifeste régulièrement pour entretenir la **clarté de votre engagement.**

10. Prendre plaisir à la liberté retrouvée

Rappelez-vous que le but de tout ce chemin n'est pas de vous contraindre, mais de **vous libérer** :
- Libérer votre esprit du bruit constant,

- Libérer votre temps pour ce qui compte,
- Libérer votre attention pour créer, aimer, vivre pleinement.

Plus vous goûtez à cette liberté, moins vous ressentirez le besoin de vous réfugier dans l'écran. Utiliser le numérique comme un outil, c'est **redevenir acteur de son attention et de son énergie**. C'est sortir du mode automatique pour entrer dans un **rapport conscient, intentionnel et aligné** avec vos valeurs. Le numérique est un outil extraordinaire — s'il est au service de votre vie, et non le contraire. Dans la conclusion, nous ferons une synthèse du chemin parcouru et ouvrirons des pistes pour prolonger ce changement vers une vie plus libre, plus centrée, plus connectée à l'essentiel.

CHAPITRE 7 : Retrouver sa liberté intérieure et son pouvoir de choix

7.1 Reprendre le contrôle de son attention

Si les réseaux sociaux captent une chose essentielle en nous, c'est bien **notre attention**. Cette ressource rare, précieuse et fragile, est devenue **l'un des biens les plus convoités de notre époque**. Publicités, algorithmes, notifications, contenus courts : tout est conçu pour fragmenter, détourner, saturer notre esprit. Reprendre le contrôle de son attention, c'est donc **un acte de souveraineté personnelle**. C'est choisir de redevenir **acteur de sa conscience, de ses pensées, de son temps de cerveau disponible**.

Dans cette section, nous allons explorer :
- ce qu'est l'attention et pourquoi elle est si précieuse,
- comment elle est captée et fragmentée par les technologies numériques,
- et comment reconstruire, entraîner, protéger et diriger consciemment son attention au quotidien.

1. L'attention : notre bien le plus précieux

L'attention est **la capacité de l'esprit à se diriger volontairement vers un objet**, une idée, une tâche, une personne. C'est elle qui :
- détermine ce que nous percevons ou ignorons,
- influence notre mémoire,
- conditionne notre efficacité, notre créativité,
- et façonne littéralement notre **qualité de vie**.

Là où va l'attention, va l'énergie.

Et là où va l'énergie… se construit notre réalité.

Si notre attention est dispersée, notre vie devient floue, réactive, confuse.
Si notre attention est focalisée, notre vie devient claire, intentionnelle, alignée.

2. Comment les réseaux sociaux détournent notre attention

Les réseaux sociaux ne sont pas neutres : ils sont conçus pour **capturer, retenir et monétiser votre attention**. Leur modèle économique repose sur le temps que vous passez à regarder, scroller, cliquer, liker.

Pour y parvenir, ils utilisent des mécanismes puissants :
- **Les notifications permanentes**, qui sollicitent sans cesse le cerveau.
- **Le scroll infini**, qui empêche naturellement l'arrêt.
- **La récompense variable** (like, vue, commentaire…), qui entretient la dépendance.
- **Les contenus courts et émotionnels**, qui saturent la mémoire de travail.
- **L'algorithme personnalisé**, qui crée une boucle de surstimulation ciblée.

⚡ **Résultat :** notre esprit devient **hyperréactif, fragmenté, accro à la nouveauté** et **intolérant à l'ennui**.

3. Les effets d'une attention fragmentée

Une attention affaiblie entraîne :
- des troubles de la concentration,
- une baisse de la productivité,
- une fatigue mentale permanente,
- une incapacité à mener des projets longs ou profonds,
- une augmentation du stress et de l'agitation intérieure.

La fragmentation de l'attention affecte **nos relations** (écoute superficielle, distraction constante), **notre mémoire** (incapacité à retenir l'essentiel), et même **notre humeur** (frustration, dispersion, perte de sens).

4. Reprendre le contrôle : un entraînement de l'esprit

Heureusement, **l'attention est une faculté plastique** : elle peut être restaurée, développée, renforcée.
Voici quelques principes clés pour reprendre le contrôle de votre attention.

a. Réduire les sources de distraction

Avant d'entraîner l'attention, il faut **assainir son environnement** :
- Désactiver les notifications inutiles,
- Couper le téléphone pendant les tâches importantes,
- Créer un espace de travail épuré et calme,
- Fermer les onglets superflus et regrouper les sessions d'e-mails ou de réseaux sociaux.

💡 *La réduction des distractions externes favorise le recentrage interne.*

b. Pratiquer l'attention volontaire

Choisissez chaque jour **une activité simple à faire en pleine attention** :
- Boire une tasse de thé en observant chaque geste,
- Lire un paragraphe sans rien faire d'autre,
- Écouter une musique en fermant les yeux,
- Observer votre respiration pendant deux minutes.

Ces petits exercices renforcent les muscles attentionnels.

5. Instaurer des routines de recentrage

Votre quotidien doit intégrer **des moments de recentrage**, pour reposer votre esprit et lui permettre de se réaligner.

Routines possibles :
- 5 minutes de respiration consciente chaque matin,

- Une pause sans écran toutes les heures de travail,
- Une « promenade de pleine attention » quotidienne (sans téléphone, sans but, juste pour sentir, voir, entendre),
- Une routine du soir sans écran, pour décharger le mental avant le sommeil.

⊚ Plus vous créez de moments d'unité intérieure, plus votre attention devient stable et lucide.

6. Apprendre à s'ennuyer de nouveau

L'un des effets paradoxaux des réseaux sociaux est qu'ils ont **éradiqué l'ennui… et avec lui, une ressource précieuse** : la capacité à rester avec soi-même, à rêver, à imaginer, à penser librement.

Réapprendre à s'ennuyer, c'est :
- supporter les silences sans chercher à les combler,
- ne pas « combler les blancs » par du contenu externe,
- laisser émerger l'inspiration, l'envie, la pensée spontanée.

✿ *L'ennui fertile est le berceau de la créativité et de la liberté mentale.*

7. Développer une relation consciente au temps

L'attention est directement liée à notre **rapport au temps**. Or, les réseaux sociaux nous font perdre toute perception claire de celui-ci.

Pour restaurer une gestion saine de votre attention :
- Planifiez des blocs de temps dédiés à une seule activité,
- Utilisez la méthode Pomodoro (25 min de focus / 5 min de pause),
- Limitez les « multitâches » qui dispersent l'attention,
- Instaurez des rituels fixes dans votre journée (lever, repas, repos…).

⌨ *La stabilité temporelle renforce la stabilité attentionnelle.*

8. Diriger son attention vers ce qui compte

Reprendre le contrôle de son attention, c'est **choisir consciemment ce qui mérite votre regard, votre énergie, votre présence.**

Posez-vous régulièrement la question :
À quoi suis-je en train d'offrir mon attention ? Et est-ce que cela me nourrit ou me vide ?

Choisissez de nourrir :
- vos projets personnels,
- vos relations réelles,
- vos lectures profondes,
- votre silence intérieur.

⊛ *L'attention est une forme d'amour. Ce à quoi vous prêtez attention, vous le faites grandir.*

Reprendre le contrôle de son attention, c'est **reprendre possession de son esprit, de son énergie, de sa liberté intérieure.** C'est refuser que des applications ou des algorithmes dictent vos pensées, vos émotions, vos envies.

C'est un acte de souveraineté. Et c'est aussi une pratique quotidienne, douce mais ferme, qui consiste à **se souvenir, à chaque instant, de ce qui compte vraiment.**

Dans la suite de ce chapitre, nous verrons comment cette liberté retrouvée permet de **faire des choix plus alignés, plus cohérents avec soi-même**, et d'orienter sa vie vers ce qui a du sens et de la valeur durable.

7.2 S'affirmer sans le regard des autres

L'un des mécanismes les plus puissants et insidieux qui entretiennent l'addiction aux réseaux sociaux est la **quête de validation extérieure.** À travers les « likes », les commentaires, les vues, les abonnés ou les messages, l'utilisateur recherche inconsciemment des signes qu'il est **vu, aimé, reconnu, accepté.** Ce besoin, profondément humain, devient problématique lorsque l'estime de soi repose quasi exclusivement sur ces marqueurs **éphémères, instables et artificiels.**

Dans cette section, nous allons comprendre pourquoi les réseaux ont autant d'emprise sur notre confiance en nous, comment cette dépendance à la validation extérieure se développe, et surtout, comment **reconstruire une estime de soi stable, indépendante et authentique**, qui ne soit plus tributaire du jugement social numérique.

1. Qu'est-ce que l'estime de soi ?

L'estime de soi désigne **la manière dont une personne se perçoit, s'évalue et se respecte.** Elle repose sur trois piliers fondamentaux :
*   **L'amour de soi** (je m'accepte tel que je suis),
*   **La vision de soi** (je me reconnais des qualités, des compétences, une valeur),
*   **La confiance en soi** (je crois en ma capacité à faire face aux défis de la vie).

Lorsque ces trois dimensions sont solides, l'individu peut interagir avec les autres **sans dépendre de leur regard pour se sentir exister.**

2. Comment les réseaux sociaux affaiblissent l'estime de soi

Les plateformes numériques créent un environnement basé sur :
*   **la comparaison permanente,**
*   **la mise en scène de soi,**
*   **la recherche de signes extérieurs de reconnaissance.**

Mécanismes typiques :
*   Se sentir inférieur face à la "réussite" affichée des autres,
*   Se dévaloriser si un post ne reçoit pas assez d'interactions,
*   Ressentir de l'insécurité face à l'apparence, aux modes de vie ou aux possessions visibles sur les réseaux,
*   Publier en espérant être "validé" et se sentir rejeté si ce n'est pas le cas.

⬔ **Observation :** l'estime de soi devient **dépendante du feedback numérique,** et donc extrêmement fragile.

3. Les conséquences d'une estime de soi dépendante

Lorsqu'on s'habitue à chercher constamment des signes d'approbation externe, plusieurs conséquences apparaissent :

- **Perte de l'authenticité** : on publie ce qui plaît, pas ce qui nous ressemble.
- **Hypervigilance** : on scrute les réactions, les chiffres, les retours.
- **Anxiété sociale** : peur du jugement, du rejet, du "bide".
- **Baisse de confiance** dans les autres domaines de la vie (travail, relations, créativité…).
- **Épuisement émotionnel** : besoin constant d'être reconnu, peur d'être invisible.

Cela crée un cercle vicieux dans lequel **la valeur personnelle est toujours conditionnelle**.

4. Revenir à une base intérieure

Sortir de cette dépendance requiert de reconstruire une estime de soi inébranlable, indépendante de l'extérieur.

Cela passe par plusieurs étapes :

1. **Se détacher progressivement de la validation numérique** (arrêter de compter les « likes », désactiver les notifications, poster sans attendre de retour…),
2. **S'observer sans se juger** : remarquer quand on cherche l'approbation, sans se blâmer,
3. **Renforcer l'amour de soi** par des pratiques d'acceptation inconditionnelle,
4. **Se reconnecter à ses valeurs profondes**, indépendamment de ce que pense autrui.

5. Pratiquer l'auto-validation

L'un des outils les plus puissants pour retrouver une confiance personnelle stable est de développer une **capacité d'auto-validation**.

Autrement dit :

- Apprendre à **se féliciter soi-même** après une action positive,
- Reconnaître ses efforts, même si personne ne les voit,

- S'offrir du soutien intérieur dans les moments difficiles,
- Se dire « C'était bien » ou « Je suis fier(e) de moi » sans attendre que quelqu'un d'autre le dise.

💬 *La voix intérieure devient alors un allié, et non un tribunal.*

6. Reconnecter à son identité authentique

La dépendance au regard des autres nous pousse à façonner une image de nous-même qui plaît. Le chemin inverse consiste à **retrouver qui l'on est, en dehors de toute projection sociale.**

Questions puissantes à se poser :
- Qui suis-je quand je ne publie rien ?
- Qu'est-ce que j'aime profondément, même si ce n'est pas "tendance" ?
- Quels sont mes talents naturels, mes qualités humaines, mes passions oubliées ?
- Si j'étais seul(e), sans réseaux, sans public... que ferais-je, que dirais-je, que créerais-je ?

Cette reconnexion à soi alimente une **estime stable, enracinée dans l'être, pas dans l'apparence.**

7. S'ancrer dans le réel

Le monde numérique fausse notre perception. Pour restaurer la confiance en soi, rien ne vaut les **expériences réelles, concrètes, incarnées** :
- S'engager dans une activité manuelle ou artistique,
- Aider quelqu'un dans la vraie vie,
- Prendre la parole en public ou dans un groupe,
- Apprendre quelque chose de nouveau,
- Se challenger dans un domaine sans témoins.

Ces expériences développent une **confiance organique**, basée sur des actes, pas des images.

8. Célébrer ses victoires intérieures

Prenez l'habitude de reconnaître chaque pas franchi, aussi petit soit-il :
- Avoir résisté à la tentation de vérifier son téléphone,
- Avoir pris une décision difficile sans chercher l'approbation,
- Avoir exprimé son opinion avec authenticité,
- Avoir accompli une tâche importante sans en parler sur les réseaux.

🎯 Chaque micro-victoire devient une **preuve de valeur intérieure**.

9. S'entourer de relations nourrissantes

L'estime de soi se renforce aussi **dans le regard bienveillant de l'autre**, à condition que ce regard ne soit pas superficiel, mais profond et sincère.

Cherchez des relations où :
- vous pouvez être vous-même sans masque,
- vous êtes écouté(e) sans jugement,
- on valorise qui vous êtes plus que ce que vous montrez.

Les **liens humains vrais** agissent comme des **miroirs bienveillants** de votre valeur.

10. Choisir de se valider soi-même, chaque jour

En définitive, renforcer l'estime de soi, c'est faire chaque jour le choix de se dire :

Je suis suffisant(e), même sans publier, même sans liker, même sans retour.

C'est choisir de **se regarder avec respect, tendresse et confiance**, et d'avancer dans sa vie **en cohérence avec ses valeurs**, sans avoir besoin d'applaudissements numériques pour continuer.

Se libérer de la dépendance à la validation extérieure, c'est retrouver **la sécurité intérieure**. C'est se rappeler que votre valeur ne dépend pas d'un algorithme, d'un regard ou d'un chiffre.

C'est revenir à vous, à votre vérité, à votre humanité pleine et entière. Dans la prochaine section, nous verrons comment **reconnecter à ses véritables désirs et priorités**, pour vivre une vie alignée, incarnée et libre.

7.3 Reconnecter à ses vrais désirs et à ses priorités de vie

L'un des effets les plus profonds, mais souvent les plus discrets, de l'addiction aux réseaux sociaux est la **déconnexion progressive d'avec soi-même**. À force d'être absorbé par les notifications, le flot d'informations, les comparaisons et les sollicitations permanentes, on finit par **perdre de vue ce que l'on veut vraiment**, ce qui nous anime en profondeur. On devient spectateur de la vie des autres, et on oublie de construire la sienne.

Dans cette section, vous allez explorer **comment retrouver vos désirs véritables**, vos valeurs profondes, vos priorités personnelles — et comment les replacer au centre de votre quotidien pour une vie plus cohérente, plus sereine, plus épanouie.

1. Le brouillage des désirs par le numérique

Les réseaux sociaux créent un **brouhaha mental** dans lequel il devient difficile de distinguer :
- ce que je veux vraiment,
- ce que j'ai vu chez les autres et que je crois désirer,
- ce que l'on attend de moi.

Vous voyez des gens voyager, réussir, s'aimer, s'afficher, consommer, paraître… Et sans vous en rendre compte, vous commencez à désirer :
- ce que les autres ont,
- ce que les autres font,
- ce que les autres valorisent.

*C'est le début d'un **désalignement progressif** entre votre vie intérieure et vos actions extérieures.*

2. Se poser et faire silence

Pour entendre à nouveau **la voix de vos vrais désirs**, vous devez d'abord **éteindre le bruit extérieur**. Cela signifie :

- créer des espaces de calme sans écran,
- ralentir le rythme,
- vous autoriser à ne rien faire, ne rien consommer, ne rien produire pendant un moment.

🪷 C'est dans le vide apparent que peuvent émerger **vos envies authentiques**, souvent enfouies sous des couches de distraction.

3. Se demander : « Qu'est-ce que je veux vraiment ? »

C'est une question simple… mais vertigineuse. Pour y répondre, vous pouvez explorer plusieurs axes :

a. Sur le plan personnel :
- De quoi ai-je envie profondément ?
- Qu'est-ce qui me donne de l'énergie quand je le fais ?
- Qu'est-ce que j'aimais faire quand j'étais enfant, et que j'ai abandonné ?

b. Sur le plan professionnel :
- Quelle activité me fait sentir utile, aligné, vivant ?
- Dans quel environnement ai-je envie d'évoluer ?
- Suis-je dans un travail qui reflète mes valeurs ?

c. Sur le plan relationnel :
- De quelles relations ai-je besoin pour me sentir nourri(e) ?
- Quelles sont les qualités que je recherche dans mes liens humains ?
- Est-ce que je me sens libre, soutenu(e), respecté(e) dans mes relations actuelles ?

📝 Prenez le temps d'écrire vos réponses, sans filtre, sans chercher à bien faire.

4. Identifier les valeurs fondamentales

Les **valeurs** sont les piliers invisibles sur lesquels repose notre bonheur durable. Ce sont elles qui orientent nos décisions, notre énergie, nos choix. Lorsqu'on vit à l'encontre de ses valeurs, un mal-être profond s'installe.

Exemples de valeurs : liberté, authenticité, sécurité, créativité, famille, justice, connexion, paix, contribution, autonomie…

👉 **Prenez conscience de ceci :**

« Quelles sont les trois valeurs qui comptent le plus pour moi ? »

Puis vérifiez :
- Est-ce que mes journées actuelles respectent ces valeurs ?
- Est-ce que mes décisions récentes les honorent ou les trahissent ?
- Que pourrais-je changer pour me réaligner ?

🎯 *Ce travail est fondamental pour sortir de la confusion et construire une vie cohérente.*

5. Faire le tri entre envies superficielles et désirs profonds

Certains désirs sont **réactifs** : ils naissent d'une frustration, d'un besoin de reconnaissance, d'une pulsion. D'autres sont **structurants** : ils viennent du cœur, de l'âme, d'une vision plus large.

Comment les distinguer ?
- Les envies superficielles sont souvent urgentes, bruyantes, liées à l'image.
- Les désirs profonds sont calmes, constants, souvent silencieux, mais ils reviennent toujours.

💬 **Exemple :**
Envie : publier une photo pour obtenir des » likes ».
Désir : exprimer sa créativité, se sentir relié à quelque chose de beau.

6. Reprioriser son temps en fonction de ses vrais désirs

Clarifier vos désirs et valeurs implique d'adapter ensuite votre emploi du temps à cette nouvelle perception de soi :

- Si vous aimez écrire, créez des plages d'écriture régulières.
- Si vous aimez aider les autres, engagez-vous dans une activité bénévole ou solidaire.
- Si vous avez besoin de nature, planifiez chaque semaine un moment au vert.
- Si vous aspirez à plus de calme, simplifiez votre agenda et dites non plus souvent.

Le temps est votre bien le plus précieux. Accordez-le à ce qui vous élève.

7. Sortir de la comparaison sociale

Pour suivre vos propres désirs, il faut **cesser de se comparer aux autres**. La comparaison est l'un des pièges les plus destructeurs des réseaux sociaux : elle vous détourne de votre chemin personnel pour vous faire croire qu'il existe un modèle unique de réussite ou de bonheur.

Rappelez-vous :
- Vous n'avez rien à prouver à personne.
- Vous êtes sur votre propre route, avec votre propre tempo.
- Ce que vous désirez profondément ne se mesure pas en « likes », followers ou vues.

La vraie réussite, c'est d'avancer en fidélité avec soi-même.

8. Cultiver une vie alignée, jour après jour

Une fois vos priorités retrouvées, le but est de les **honorer quotidiennement**, même de manière modeste :
- Un acte, une parole, une décision en cohérence avec vos valeurs.
- Un geste concret vers votre vision de vie.
- Un moment de reconnexion intérieure.

C'est la répétition de ces **petits choix alignés** qui vous donne le sentiment d'une vie pleine de sens.

9. Accepter que le désir évolue

Vos priorités d'aujourd'hui ne seront pas forcément celles de demain. Et c'est normal. La vie change, vous changez. Ce qui compte, c'est de **rester à l'écoute** de vos élans, de vos aspirations, et de ne pas vous enfermer dans une routine dictée par le passé.

☞ Posez-vous cette question chaque mois :

« Est-ce que ce que je fais aujourd'hui me rapproche ou m'éloigne de la personne que j'ai envie de devenir ? »

10. Devenir le créateur conscient de sa vie

Reconnecter à ses vrais désirs, c'est cesser d'être spectateur pour devenir **acteur, bâtisseur, créateur**. C'est décider chaque jour :
- De ce à quoi vous donnez votre attention,
- De ce que vous mettez dans votre agenda,
- De ce que vous choisissez de nourrir.

C'est retrouver **le pouvoir de choix**, celui qui avait été capté par les plateformes — et que vous venez de reprendre en main.

Retrouver ses vrais désirs et ses priorités de vie, c'est **réapprendre à se connaître en profondeur**, à écouter sa boussole intérieure, à construire une vie qui vous ressemble. Ce n'est pas un exercice intellectuel, c'est **un chemin quotidien de conscience, de réajustement, de clarté**.

C'est aussi l'une des plus belles conséquences d'un sevrage réussi : le retour à soi.

Dans la section suivante, nous verrons comment **entretenir cette liberté retrouvée**, dans un monde qui cherchera toujours à vous la reprendre.

7.4 Se sentir libre dans un monde connecté

Après avoir parcouru un chemin de désintoxication numérique, réappris à maîtriser son attention, reconstruit son estime de soi et retrouvé ses véritables désirs, une question cruciale reste en suspens : **comment préserver durablement cette liberté intérieure dans un monde qui sollicite en permanence notre attention ?**

Le numérique ne disparaîtra pas. Il évoluera, s'intensifiera, se diversifiera. Les sollicitations continueront à s'amplifier, les tentations reviendront. Mais cela ne signifie pas que la rechute est inévitable. Ce que cela signifie, c'est que **la liberté intérieure n'est pas un état acquis, mais un état à cultiver.** C'est une posture, un art de vivre, une pratique quotidienne.

Dans cette section, nous verrons comment **entretenir cette liberté retrouvée,** comment renforcer votre ancrage personnel dans un monde connecté, et comment transformer votre environnement pour qu'il soutienne vos choix profonds.

1. Comprendre que la liberté est un entraînement

La liberté intérieure, ce n'est pas l'absence de contraintes ou de tentations. C'est **la capacité à choisir sa réponse, en conscience**, face aux sollicitations.

Elle se construit :
- par des micro-décisions quotidiennes,
- par une écoute intérieure constante,
- par des rituels qui vous reconnectent à vous-même.

@ Ce n'est pas une lutte, mais une vigilance douce.
Ce n'est pas un effort permanent, mais une **présence à soi** qui s'affine.

2. Connaître ses points de fragilité

Nous avons tous des **moments de vulnérabilité** : fatigue, stress, solitude, surcharge émotionnelle… C'est souvent dans ces moments-là que les anciens réflexes numériques reviennent.

Optez pour la stratégie suivante plutôt que la fuite :
- les identifier avec lucidité,
- les anticiper avec bienveillance,

- y répondre par des alternatives saines (repos, lien humain, silence, nature, expression…).

💬 *La liberté, ce n'est pas ne jamais faillir. C'est savoir revenir à soi après chaque écart.*

3. S'ancrer dans des pratiques de reconnexion régulières

Cultivez des rituels de retour à soi pour rester centré. Ces moments permettent de recharger l'attention, de retrouver de la clarté, de nourrir le calme intérieur.

Exemples de pratiques puissantes :
- La méditation silencieuse,
- L'écriture introspective (journal, gratitude, intentions…),
- La marche consciente en nature,
- La lecture profonde d'un texte inspirant,
- Le jeûne numérique (quelques heures, un jour par semaine…),
- Le silence total pendant un moment de la journée.

🗡️ Ces pratiques ne sont pas un luxe, mais **une nécessité pour qui veut rester libre** dans un monde bruyant.

4. Choisir un environnement qui soutient votre liberté

Votre liberté intérieure est influencée par **ce qui vous entoure** : objets, lieux, sons, images, relations… Votre environnement peut être :
- un facilitateur de présence à vous-même,
- ou un générateur de distraction.

Quelques ajustements utiles :
- Créer des zones sans écran chez soi (table à manger, chambre, coin lecture…),
- Désactiver les notifications sur tous les appareils,
- Garder le téléphone hors de portée pendant les temps personnels ou familiaux,
- Choisir une décoration minimaliste, inspirante, reposante.

🏠 *Un environnement bien pensé est un allié silencieux de votre sérénité.*

5. S'entourer de personnes alignées

L'environnement relationnel est tout aussi important. Si vous êtes entouré(e) de personnes accros au numérique, qui valorisent l'hyperconnexion ou la performance visible, il sera plus difficile de tenir.

À l'inverse, être entouré(e) de personnes :
- qui respectent les temps de silence,
- qui valorisent la profondeur plutôt que la quantité,
- qui sont engagées dans une démarche consciente,

… vous aidera à **ancrer votre liberté dans la durée.**

💬 *Vous n'avez pas à convaincre tout le monde. Mais vous pouvez choisir de qui vous vous entourez.*

6. Cultiver une vie riche et nourrissante hors ligne

Plus votre vie hors ligne est pleine, plus il vous sera facile de résister aux appels du monde numérique.

Prenez un instant pour réfléchir à ceci :
- Est-ce que j'ai des passions qui m'enthousiasment ?
- Est-ce que je passe du temps dans la nature, avec les autres, dans le réel ?
- Est-ce que je construis quelque chose qui a du sens (création, engagement, apprentissage…) ?

🌀 Une vie bien remplie dans le réel est **le meilleur antidote** à l'hyperconnexion.

7. S'autoriser l'imperfection

Il arrivera que vous retombiez dans de vieilles habitudes. Rien d'étonnant à cela. La clé, c'est :
- de ne pas dramatiser,
- de ne pas abandonner votre démarche,

- de reprendre, simplement, là où vous en étiez.

L'exigence de perfection est elle-même **une forme de pression toxique**. La liberté intérieure inclut le **droit de déraper sans culpabilité**, et de se remettre en chemin.

8. Garder une boussole intérieure vivante

Tout au long de votre parcours, une question vous accompagnera : *Est-ce que ce que je fais maintenant nourrit ou affaiblit ma liberté ?* Gardez cette question près de vous. Écrivez-la sur une note, un post-it, une page de votre carnet. Elle deviendra une **boussole intérieure**. Elle vous ramènera, encore et encore, à l'essentiel.

9. Inspirer sans imposer

Votre démarche peut devenir **source d'inspiration** pour les autres. Non pas par militantisme ou jugement, mais par votre exemple :
- Votre calme retrouvé,
- Votre capacité d'attention et d'écoute,
- Votre sérénité dans un monde agité,
- Votre créativité, votre présence, votre cohérence.

Ne cherchez pas à convaincre. Vivez simplement ce que vous incarnez. Cela parlera plus fort que n'importe quel discours.

10. Choisir, chaque jour, de rester libre

La liberté intérieure n'est pas un acquis. C'est un **choix quotidien** :
- Choisir de respirer avant de réagir,
- Choisir de créer au lieu de consommer,
- Choisir la présence plutôt que la distraction,
- Choisir la profondeur plutôt que la vitesse.

Et ce choix, **vous êtes libre de le faire, chaque matin, chaque heure, chaque instant.**

Entretenir sa liberté intérieure dans un monde ultra-connecté, ce n'est pas s'opposer au progrès.

- C'est **intégrer la technologie avec conscience**, en gardant les rênes de son attention, de son temps, de son énergie.
- C'est construire une vie alignée, stable, riche — **à l'intérieur et à l'extérieur.**
- C'est faire le choix de rester **présent, humain, libre**, là où tout pousse à la dispersion.

Dans la **conclusion finale**, nous récapitulerons les grandes étapes de cette transformation, et ouvrirons des pistes pour continuer à avancer sur ce chemin avec confiance et lucidité.

CONCLUSION GÉNÉRALE : Retrouver le contrôle, retrouver sa vie

L'addiction aux réseaux sociaux est souvent invisible, insidieuse, socialement acceptée. Elle s'infiltre doucement, dans les interstices de notre quotidien, jusqu'à prendre parfois le contrôle de notre temps, de notre énergie, de notre attention, de nos émotions... et de notre liberté. Ce livre a été conçu comme **un chemin de libération**, mais aussi de reconstruction. Une invitation à sortir de l'hyperconnexion subie pour entrer dans une vie plus consciente, plus riche, plus incarnée.

Cette conclusion propose une **synthèse claire et concrète** du parcours traversé, des prises de conscience à retenir, et des leviers concrets à mobiliser pour prolonger le changement dans le temps.

1. Comprendre la mécanique de l'addiction

Vous avez découvert dans les premiers chapitres **les causes profondes** de cette dépendance numérique :
- Le besoin de reconnaissance et de validation sociale,
- Le fonctionnement cérébral du système dopaminergique,
- Le design addictif des plateformes (scroll infini, notifications, récompenses variables),
- L'usage compulsif comme stratégie de fuite émotionnelle (ennui, stress, vide...).

Comprendre ces mécanismes, ce n'est pas se blâmer. C'est **regagner du pouvoir sur ce qui semblait incontrôlable.**

2. Identifier les conséquences sur la vie réelle

Les chapitres suivants ont mis en lumière **l'impact de cette addiction** :

- Sur la santé mentale (anxiété, fatigue cognitive, perte de concentration),
- Sur les relations (isolement, superficialité, conflits),
- Sur le sommeil, l'estime de soi, la productivité,
- Sur la créativité, la motivation, la clarté d'esprit.

La prise de conscience de ces effets est essentielle pour **créer un déclic**, une motivation durable pour changer.

3. Se reconnecter à soi, sans culpabilité

Le cœur du processus de transformation commence **par une observation lucide et bienveillante** :

- Où en suis-je dans mon rapport aux réseaux ?
- Qu'est-ce que je cherche vraiment en ligne ?
- Qu'est-ce que je perds, et qu'est-ce que je veux retrouver ?

☞ Ce point de départ est personnel. Il doit être accueilli sans jugement, comme **une photographie honnête d'un instant T**.

4. Poser des objectifs clairs et réalisables

Changer, ce n'est pas tout couper du jour au lendemain. C'est mettre en place **un plan adapté, progressif, durable** :

- Fixer un objectif SMART : spécifique, mesurable, atteignable, réaliste, temporel.
- Choisir une stratégie de réduction : par paliers, par plages horaires, par zones blanches.
- Se doter d'outils d'aide : application de suivi, blocage temporaire, routines de substitution.

Ⓖ Le mot-clé ici : **ajustement**. Le changement fonctionne quand il respecte votre réalité.

5. Installer de nouvelles routines nourrissantes

Une désintoxication numérique réussie passe par le remplacement des automatismes toxiques par **des habitudes saines et ressourçantes** :

- Routine matinale sans écran,
- Activités corporelles et sensorielles,
- Activités créatives ou sociales réelles,
- Temps de silence, de lecture, de respiration.

Chaque nouvelle habitude est **un pas vers une vie plus vivante, plus ancrée.**

6. Faire face aux rechutes avec douceur

Comme dans tout processus de transformation, il y aura des hauts et des bas. L'important n'est pas d'être parfait, mais **de rester engagé dans la direction que vous avez choisie** :
- Identifier les situations à risque,
- Créer un "kit de secours" pour moments critiques,
- Tenir un journal pour repérer les cycles,
- Se pardonner les écarts et reprendre aussitôt.

💬 *Ce n'est pas l'absence de chute qui compte, c'est votre capacité à vous relever sans culpabilité.*

7. Reconnecter à l'essentiel

Se libérer de l'addiction numérique, c'est revenir à soi-même :
- Retrouver son attention,
- Retrouver sa voix intérieure,
- Retrouver ses vrais désirs,
- Retrouver ses priorités de vie.

Vous avez appris à créer une hygiène numérique durable, à rester vigilant face aux nouvelles formes d'addiction, à transformer le numérique en outil — non en refuge. Vous avez repris possession de **votre attention, votre temps, votre espace mental.**

8. Cultiver sa liberté intérieure

Dans un monde où tout est fait pour capter notre regard, notre clic, notre impulsion... la véritable liberté devient **la capacité à choisir à quoi vous donnez votre énergie.**

Chaque jour, vous pouvez :
- Choisir de créer plutôt que de scroller,
- Choisir de parler plutôt que de publier,
- Choisir de vivre plutôt que de performer,
- Choisir la profondeur plutôt que la superficialité.

⊚ Cette liberté ne dépend pas de votre téléphone. Elle dépend de votre **présence à vous-même.**

9. Résumer le chemin parcouru

Les étapes clés à retenir :
1. **Conscience** : Comprendre les mécanismes de l'addiction.
2. **Observation** : Identifier vos propres comportements.
3. **Intention** : Définir un objectif motivant.
4. **Action** : Mettre en place un plan progressif.
5. **Substitution** : Remplacer les habitudes toxiques par des routines saines.
6. **Résilience** : Gérer les rechutes sans culpabilité.
7. **Alignement** : Reconnecter à vos valeurs, vos désirs, vos priorités.
8. **Liberté** : Maintenir votre souveraineté intérieure dans un monde ultra-connecté.

10. Ce que vous pouvez faire dès aujourd'hui

Trois étapes pour progresser :
- **Décidez d'un premier pas simple et immédiat** (ex. : désactiver les notifications ou passer une soirée sans écran).
- **Choisissez un moment dans la journée pour vous reconnecter à vous-même,** sans technologie (ex. : matin ou soir).
- **Écrivez votre propre charte numérique** : ce que vous acceptez, refusez, ce que vous souhaitez cultiver dans votre rapport aux écrans.

📝 *Ce changement commence maintenant, pas demain, pas dans un mois.*

ANNEXE

L'addiction aux réseaux sociaux est devenue une préoccupation mondiale, touchant des millions de personnes sur tous les continents. Je vous donne un aperçu des statistiques et des tendances par région, mettant en lumière l'ampleur du phénomène et les pays où il représente un problème de santé publique majeur.

APERÇU MONDIAL

Utilisateurs mondiaux des réseaux sociaux : En 2024, environ 4,8 milliards de personnes utilisent les réseaux sociaux, soit plus de la moitié de la population mondiale. Parmi eux, on estime que 210 millions d'individus, soit environ 4 à 5 %, souffrent d'une addiction aux réseaux sociaux.

AFRIQUE

Prévalence : Une méta-analyse a révélé que le taux d'addiction aux réseaux sociaux en Afrique est d'environ 40,3 %, indiquant une prévalence significative.

ASIE

Prévalence : En Asie, environ 27 % des utilisateurs déclarent être dépendants aux réseaux sociaux.
Jeunes adultes : En Inde, seulement 8 % des enfants ne sont pas actifs sur les réseaux sociaux, suggérant une utilisation quasi universelle parmi les jeunes.

EUROPE

Prévalence : Les taux d'addiction varient entre 5 % et 7 %, touchant particulièrement les jeunes.

Royaume-Uni : Une enquête réalisée en 2023 indique que 48 % des adolescents britanniques âgés de 16 à 18 ans se déclarent dépendants aux réseaux sociaux.

AMÉRIQUE DU NORD

Utilisation intensive : En 2023, 46 % des adolescents américains déclarent être "presque constamment" en ligne, une augmentation significative par rapport à 24 % en 2014-2015.

Groupes ethniques : Parmi les utilisateurs américains, 32 % des Blancs, 29 % des Hispaniques, 27 % des Asiatiques et 25 % des Afro-Américains déclarent être dépendants aux réseaux sociaux.

OCÉANIE

Prévalence : En Océanie, les utilisateurs de réseaux sociaux sont 53 % des femmes et 47 % des hommes, indiquant une légère prédominance féminine dans l'utilisation des plateformes sociales.

MOYEN-ORIENT ET AFRIQUE DU NORD (MENA)

Jeunes adultes : Une étude de 2023 a montré que 35 % des jeunes adultes de la région MENA estiment être dépendants aux réseaux sociaux, tandis que 57 % connaissent des personnes dans leur entourage souffrant de cette dépendance.

Conséquences sur la Santé Publique

L'addiction aux réseaux sociaux est liée à divers problèmes de santé mentale, notamment la dépression, l'anxiété et des dyssomnies. Plus d'un adolescent sur dix (11 %) en Europe présente des signes de comportements problématiques lié aux réseaux sociaux, avec des difficultés à contrôler leur utilisation et des conséquences négatives sur leur bien-être.

Conclusion

Ces statistiques soulignent l'ampleur croissante de l'addiction aux réseaux sociaux à travers le monde, avec des variations significatives entre les régions et les groupes démographiques. Cette tendance représente un défi majeur pour la santé publique, nécessitant des interventions ciblées pour promouvoir une utilisation équilibrée et saine des technologies numériques.

Ci-dessous, les sources des chiffres avancés dans cette annexe :

⊕ Aperçu mondial
Utilisateurs mondiaux des réseaux sociaux :
🖳 2024 (source : MastermindBehavior.com)

⊕ Afrique
Prévalence de l'addiction :
🖳 2022 (méta-analyse publiée sur akjournals.com)

⊕ Asie
Prévalence globale :
🖳 Données récapitulatives issues de plusieurs sources **entre 2022 et 2023**
Inde – jeunes utilisateurs :
🖳 2023 (source : InfluencerMarketingHub)

⊕ Europe
Prévalence moyenne :
🖳 2023 (selon compilations sur coolest-gadgets.com)
Royaume-Uni (adolescents) :
🖳 2023

⊕ Amérique du Nord
Utilisation intensive chez les ados américains :
🖳 2023

Répartition par groupe ethnique (USA) :
🖩 **2022 à 2023**

⊕ Océanie
Profil d'utilisation (genre) :
🖩 **2023 à 2024** (SearchLogistics.com)

⊕ MENA (Moyen-Orient et Afrique du Nord)
Addiction chez les jeunes :
🖩 **2023** (données Statista)

⊛ Santé mentale / OMS Europe
Étude sur les adolescents européens et les effets psychologiques :
🖩 **2024** (Organisation Mondiale de la Santé – Europe)
📎 Source : who.int

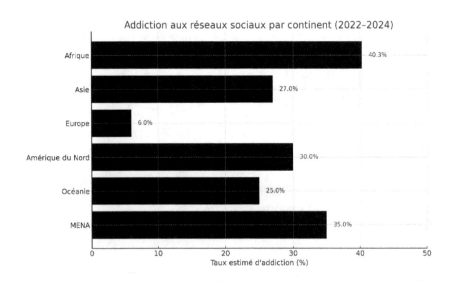

Addiction aux réseaux sociaux par continent (2022-2024)

BIBLIOGRAPHIE

01. "Tous accros aux écrans : Cyberdépendances : que faire et comment en sortir ?", Alexis Peschard, Éditions Mardaga, 2022

02. "Faire face à l'addiction aux écrans : Smartphone, internet, réseaux sociaux", M. Sébastien Herry, Éditions Ellipses, 2022

03. "On n'a qu'une vie !", Pr Laurent Karila, Éditions Fayard, 2022

04. "Cyberdépendance : Quand l'usage des technologies devient un problème", Dr Marie-Anne Sergerie, Éditions La Presse, 2020

05. "La cyberdépendance : Mieux maîtriser la relation à Internet", Samuel Pfeifer, Éditions Labor et Fides, 2010

06. "Pourquoi vos enfants devraient vite quitter les réseaux sociaux : Guide pratique", Jacques Henno, Éditions Télémaque, 2022

07. "Vivez mieux avec vos écrans ! Pour sortir de l'addiction au numérique", Aurélien Guiheneuf, Éditions First, 2021

08. "Comprendre et soigner l'homme connecté : Manuel de cyberpsychologie", Serge Tisseron et Frédéric Tordo, Éditions Dunod, 2021

09. "Saison Brune 2.0 (Nos empreintes digitales)", Philippe Squarzoni, Éditions Delcourt, 2022

www.ingramcontent.com/pod-product-compliance
Lightning Source LLC
LaVergne TN
LVHW051238050326
832903LV00028B/2462